기독교문서선교회(Christian Literature Center: 약칭 CLC)는 1941년 영국 콜체스터에서 켄 아담스에 의해 시작되었으며 국제 본부는 미국 필라델피아에 있습니다.
국제 CLC는 59개 나라에서 180개의 본부를 두고, 약 650여 명의 선교사들이 이동 도서차량 40대를 이용하여 문서 보급에 힘쓰고 있으며 이메일 주문을 통해 130여 국으로 책을 공급하고 있습니다. 한국 CLC는 청교도적 복음주의 신학과 신앙 서적을 출판하는 문서선교기관으로서, 한 영혼이라도 구원되길 소망하면서 주님이 오시는 그날까지 최선을 다할 것입니다.

광야를 지나는 성도들에게 위로와 소망을 주는 글

광야의 신학

"사막에도 꽃을 피우시는 하나님"

차 문 환

CLC

Theology of Wilderness: Flowers Bloom Even in Desert
Written by Moon Cha
All rights reserved.
Korean Edition Copyright ⓒ 2024 by Christian Literature Center, Seoul, Korea.

광야의 신학
"사막에도 꽃을 피우시는 하나님"

2024년 04월 15일 초판 발행

지 은 이 | 차문환

펴 낸 곳 | (사)기독교문서선교회
등   록 | 제16-25호(1980. 1. 18.)
주   소 | 서울특별시 동대문구 천호대로71길 39
전   화 | 02-586-8761~3(본사) 031-942-8761(영업부)
팩   스 | 02-523-0131(본사) 031-942-8763(영업부)
이 메 일 | clckor@gmail.com
홈페이지 | www.clcbook.com
송금계좌 | 기업은행 073-000308-04-020 (사)기독교문서선교회
일련번호 | 2024-45

ISBN 978-89-341-2681-2 (03230)

이 책의 출판권은 (사)기독교문서선교회가 소유합니다.
신저작권법에 의하여 한국 내에서 보호받는 저작물이므로 무단 전재와 무단 복제를 금합니다.

목 차

광야의 여정(旅程) ·················· 11

광야에서의 믿음과 기도 ·················· 71

광야에서의 연단과 훈련 ·················· 111

광야에서의 동행과 평안 ·················· 157

광야에서 얻는 축복과 승리 ·················· 189

광야를 살아가는 성도의 삶 ·················· 223

광야에서의 소망과 은혜 ·················· 253

◆ 추천의 글

진주를 품은 조개

조개는 자기 몸 안에 들어와 부드러운 속살을 아프게 하는 모래를 뱉어내지 못하고 진액을 짜서 그 모래를 감싸므로 귀중한 보석인 진주를 생산한다고 합니다. 차문환 목사님께서 쓰신 책을 읽으며 이 책은 진주 같고, 차 목사님은 이 진주를 생산한 조개 같다는 생각이 들었습니다.

이 책의 어느 부분은 차 목사님의 인생 고백이고, 어떤 부분은 하나님께 간절하게 드리는 처절한 기도문이며, 어느 부분은 체험을 통해 깨달은 하나님과 성경에 대한 새로운 이해로 채워져 있습니다. 또 어떤 시는 곡조를 붙여 부르고 싶은 성가곡 가사 같다는 느낌을 가지게 합니다. 문단에 등단하신 수필가이며 시인이시고 신문기자이셨기에 따뜻한 마음과 예리한 분석력으로 인생을 관조한 진술한 기록들이 '사막에도 꽃을 피우시는 하나님'에 실려 있습니다.

영롱한 진주를 만들기까지 조개가 당하는 아픔이 컸을 것처럼 차 목사님 역시 삶의 현장에서 당하는 고난을 통해 주옥같은 글을 세상에 내놓게 되었을 것입니다. 아버지와 숙부들께서 일제징용 아니면 한국전쟁과 월남전쟁을 통해 병을 얻고 또는 목숨을 잃으셨기에 가정적으로 어려운 형편에서 차 목사님이 성장하셨을 것입니다. 그러니 그의 고단한 삶에 대한 고뇌와 하나님을 향한 간절한 기도가 없을 수 없었을 것입니다. 게다가 사모님

성기호 박사
전 성결대학교 총장
필라델피아은퇴목사회 증경회장
현, 월간 '한국인선교사' 발행인

마저 심신이 약해지셔서 15년이란 긴 세월을 요양원에서 생활하고 계시니 가정적으로 겪는 외로움과 어려움 또한 컸을 것입니다.

그러기에 인생길이 광야 길이며 당하는 괴로움이 큼을 누구보다 몸으로 또 마음으로 실감하셨을 것입니다. 이런 고난의 여정을 통해 진솔한 신앙고백과 간절한 기도 그리고 광야 길을 함께 걷고 있는 길동무에게 전하는 권면과 위로가 반짝이는 진주처럼 세상에 그 얼굴을 내밀게 되었습니다.

인생길에서 외롭고 어려움을 겪을 때 시편을 읽으며 많은 위로를 받고 격려와 함께 새로운 소망을 얻게 된 때가 많았습니다. 차 목사님의 자서전적인 글 그리고 주옥같은 시들을 읽으며 동병상련의 정을 느끼며 위로와 소망을 아울러 받게 됩니다. 사막에서 꽃을 피우시며 목마른 나그네를 위해 샘과 쉼터를 준비하시는 하나님의 손길이 우리로 하여금 낙심하지 않고 목적지를 향해 끝까지 걸어갈 힘을 얻게 하십니다. 이러한 소망과 위로를 이 책을 통해 받게 됨을 감사합니다.

광야길이 끝나는 곳에 젖과 꿀이 흐르는 가나안 같은 낙원이 약속되어 있기에 우리는 지금도 이 길을 가고 있습니다. 이 광야 길을 함께 걷고 계신 사랑하는 성도 여러분에게도 이 책 '사막에도 꽃을 피우시는 하나님'을 통해 같은 위로와 소망이 주어지기 바라며, 빛나고 화려한 낙원- 우리의 목적지에서 반갑게 만나기를 기도하며 기대합니다. 감사합니다.

◆ 추천의 글

변두리에서 한 가운데로 옮겨 주시는 하나님

사회학자 에버렛 스톤키스트는 태어난 고향을 떠나 흩어져 사는 '디아스포라'들을 '변두리 사람들'(the marginal)이라고 정의했습니다. 광야는 도시 중심이 아닙니다. '변두리'입니다. '광야의 신학'은 '변두리 신학'입니다.

광야의 세례요한도, 그가 증거한 예수 그리스도도 변두리 출신이었습니다. '광야의 신학'을 펴내신 차문환 목사님도 '변두리 사람'이요, 추천서를 쓰고 있는 부족한 종이나 읽으시는 많은 분들도 미국 주류사회 중심의 사람들이 아닌 우리는 '변두리 사람들'입니다.

그러나 하나님이 움직이시는 방향은 항상 '변두리 사람들'을 통하여 주류사회의 '중심에 있는 사람들'을 변화시켜 오셨습니다. '변두리 사람들'은 주류사회의 가장 자리 끝에서 '고난당하신 메시야'와 함께 죄에 대하여 죽고 의에 대하여 부활하는 성공하는 사람이 아닌 승리하는 사람이기 때문입니다.

차문환 목사님 가족은 제가 섬기는 교회에 출석하셨습니다. 사모님이 아프시면서 많은 고난을 겪어 오셨습니다. 그래도 그 고난과 실망 속에서도 한번도 포기하지 않으셨습니다. 목사님의 삶의 한 가운데 좌정하신 고난을 겪고 죽으셨으나 부활하신 예수님을 바라보며 한 가운데로 계속 옮겨가기 때문입니다.

호성기 목사
필라 안디옥교회 원로목사
Professionals For Global Missions 대표
PGM 순회선교사

  그 고난 속에서 시인으로서 주님이 주시는 음성을 많은 시로 토해 내셨습니다. '광야의 신학'도 낮은 자리에서 '변두리 사람'의 정체성으로 고난당하는 사람들과 함께 호흡하며 저들을 섬기며 주님과의 깊은 관계 속에서 그의 시는 '변두리 사람'과 함께 하시는 하나님을 고백하는 '신학'이 되었습니다.

  저도 아내가 쓰러지고 나서 많은 고난과 낙심으로 힘들 때가 있었습니다. 그 때마다 차 목사님의 변함없는 '광야의 신학,' '변두리 신학'은 계속 저를 변두리에 머물지 않게 도왔습니다. 우리는 변두리에서 만유를 다스리시는 한 가운데 계신 예수님을 중심으로 옮겨가는 그리스도인이기 때문입니다.

  차문환 목사님의 '광야의 신학', '변두리 신학'이 오늘도 환난과 고통 속에 살아가는 많은 '변두리 사람'들에게 위로와 소망을 주실 것입니다. 삼라만상의 중심에 서 계신 부활하신 예수 그리스도를 향하여 변두리에서 계속 중심에 계신 예수님께로 옮겨가게 도우실 것입니다.

◆ 저자 서문

사막에 꽃을 피워주신
하나님에게 영광을 돌려 드립니다

    부족한 종의 글이 활자화되어 나올 수 있도록 인도하여 주시는 하나님 아버지에게 영광을 돌려드립니다. 누구일지는 모르지만 본 글을 통하여 구원에 이르게 하거나 더욱 성숙하고 돈독한 신앙인으로서 세워주시고자 하는 하나님 아버지의 뜻이 있을 줄 믿습니다.

    이 땅에 태어나는 모든 인생들은 신앙생활의 유무에 상관없이 광야의 길, 나그네 길을 가고 있습니다. 신앙의 유무에 따라 나그네 길 여정과 도착지는 다를 수 있지만 누구나 할 것 없이 광야의 길, 나그네 길을 걸어가야만 합니다.

    본 글은 "내가 곧 길이요 진리요 생명이니라" 하신 예수님 말씀에 의거하여 성도들이 걸어가는 광야의 길, 나그네 길에 자그마한 위로와 격려, 또는 소망을 주고자 하여 지난 3년 여 동안 카카오톡을 통해 지인들에게 그리고 Facebook에 올리면서 함께 공유했었습니다.

    주변의 많은 분들이 책으로 출판하여 더 많은 사람들과 공유하면 신앙생활에 큰 도움이 될 것이라는 격려의 말씀에 힘입어 감히 CLC 출판사에 의뢰하였습니다. 의외로 출판사에서도 적극 환영, 수용하여 주시면서 활자로 빛을 보게 되었습니다.

    이번에 그 첫 권이 나오고, 가을 쯤 또 한 권이 나오지 않을까 기대하고 있습니다. 바라기는 본 책자를 대하는 모든 분들에게 소망과 용기를 심어 주어 어렵고도 힘든 광야길, 무난히 걸어감으로 우리 모두 함께 새 하늘 새 땅인 저 가나안에서 얼싸안으며 기쁨의 재회가 있어지기를 기도해 봅니다.

　본 책자 발행을 위해 기도와 사랑, 그리고 후원을 아끼지 않으신 성도님들과 십시일반 도와주신 모든 분들, 사랑의 마음으로 기도하며 후원을 아끼지 않은 아들 내외, 그리고 본 책자를 출판하여 주신 CLC 출판사와 이경옥 실장님에게도 깊은 감사의 말씀을 전합니다.

　임마누엘,
　우리를 사랑하시되 십자가에 죽으시기까지 사랑하여 주시는 우리 주 예수님은 우리의 광야길, 나그네 길에 언제나 동행하여 주십니다.

미국 필라델피아에서
2024년 4월
차문환 목사

사랑의 위대성 / 차문환

모든 것을
품어준다고 해서

모든 것을
이해한다고 해서

모든 것을
용서한다고 해서

미워하는 것이
없다고 해서
위대한 사랑이 아닙니다

그 모든 것들이 있지만
모든 것들을 끌어안고 가기에

사랑은 위대합니다.

광야의 여정(旅程)

하나님은 광야에서 기다리신다

여호와께서
그가 보려고 돌이켜 오는 것을 보신지라
하나님이 떨기나무 가운데서 그를 불러 이르시되
모세야 모세야 하시매
그가 이르되 내가 여기 있나이다. <출 3:4>

신학교에서의 지식은
설교를
잘 하게 할 수 있고,
성도들을
잘 가르칠 수 있도록 해주지만

하나님을 만나고
하나님을 깊이 체험하는 신학은

광야의 신학이다
모세의 애굽에서의 학문이
사도 바울의 가말리엘 학문이
하나님을 만나게 해주지 못했다

하나님을 만나고 싶으면
하나님을 깊이 체험하고 싶으면
광야로 나가라

광야로 나가는 것을
두려워하지 마라

하나님은
빈들에서
광야에서
좁은 길에서
기다리고 계신다.

광야에 살 길이 있다

네가 거기서
네 하나님 여호와를 구하게 되리니
만일 마음을 다하고 성품을 다하여
그를 구하면 만나리라 <신 4:29>

하나님을 만나고
하나님을 알아가는 것은
건강할 때도 아니고
잘 나갈 때도 아니며
많은 것을 가졌을 때도 아니다

아프다고 하는 것은
안된다고 하는 것은
잃어버린다고 하는 것은
우리를 슬프게 하지만
하나님은 우리를 광야로 몰아가신다

광야는
우리를 고통스럽게 하나
힘들고 괴로운 중에서
홀로 눈물 흘리며
광야에서 몸부림칠 때
하나님은 그곳에서 우리를 만나주신다

광야의 신학은
우리에게 살 길을 열어준다.

광야에서는 길을 잘 찾아야

도마가 가로되
주여 어디로 가시는지 우리가 알지 못하거늘
그 길을 어찌 알겠삽나이까
예수께서 가라사대
내가 곧 길이요 진리요 생명이니
나로 말미암지 않고는
아버지께로 올 자가 없느니라 <요 14:5-6>

광야에 들어서면
이것저것 생각할 겨를이 없습니다
오직 한가지
광야를 벗어날 생각만 합니다

평탄한 길에서는
별의별 생각을 다하게 됩니다
나의 생각이 많이 나오는 이유이기도 합니다

성경은 말합니다
대제사장인 예수를
깊이 생각하라고 말입니다

광야에 서게 되면
길 되시는
그분만 생각하게 됩니다
다른 길이 없기 때문입니다

광야의 신학은
예수 그리스도만이
참 길이라는 것을 가르쳐 줍니다.

광야에서 전능하신 하나님을 배웁니다

너희는 이제 가만히 서서
여호와께서 너희 목전에서 행하시는
이 큰 일을 보라 <삼상 12:16>

광야에서 우리는
하늘의 만나를 먹기도 합니다
40년 광야를 지나는 동안
의복이 해어지지 않고
발이 부르트지 않는
신기한 체험을 하기도 합니다

40년간 농사를 짓지 아니해도
배고파 죽은 이가 없는
'여호와 이레' 하나님을 광야에서는 경험합니다

하늘의 신령한 젖을

반석으로부터 마시기도 합니다
그래서 그분은 지금도
신령한 젖을 사모하라고 하십니다

낮도 밤도
더위도 추위도
말씀 앞에 순종하는
놀라운 기적을 맛보며 살아갑니다

가만히 서서
하나님의 행하심을 볼 때가
광야에 서 있을 때입니다

광야에서 우리는
전능하신 하나님을 배웁니다.

광야는 머무는 곳이 아닙니다

데라가 그 아들 아브람과 하란의 아들 그 손자 롯과
그 자부 아브람의 아내 사래를 데리고
갈대아 우르에서 떠나 가나안 땅으로 가고자 하더니
하란에 이르러 거기 거하였으며 <창 11:31>

광야는 지나가는 곳입니다
잠시 쉬어갈 수는 있으나 머무는 곳이 아닙니다

좋은 집
좋은 차
좋은 가구
좋은 냉장고도 필요하지 않습니다
그거 오히려 짐만 됩니다

광야는 머무는 곳이 아니라
영원한 집으로 가는 길목입니다

데라처럼
롯의 아내처럼 머무르려 하지 말고
아브라함처럼
가나안으로 가는 것입니다
야곱처럼
벧엘로 올라가는 것입니다

나그네 광야의 길에
옷 두 벌 정도면 되고
전대도 필요하지 않습니다

내 나이 만으로 68세
하루 두 끼씩만 계산해도
4만 9천7백여 끼니…
양말, 속옷, 겉옷은 셀 수도 없고
장롱과 창고에 처박힌 것들도 수두룩…

내 나그네 광야 길
이만하면 됐지 무엇을 더…

광야는 지나가는 곳이지 머무는 곳이 아닙니다.

광야는 기쁨으로 가야 합니다

내 형제들아
너희가 여러가지 시험을 만나거든
온전히 기쁘게 여기라 <야고보서 1:2>

힘들고 어려운 길일수록
즐거운 마음으로 가야 합니다
가기 쉬운 넓은 길이라도
불평으로 가면
한발자욱도 가기 싫은 겁니다

광야길 가는 이스라엘 백성들이
불평과 원망으로 가다보니
열 하룻길이
사십년 걸려 가게 된 것입니다

광야 길도
마음먹기에 따라
즐거운 소풍이요
행복한 여행길이 될 수 있습니다

시험을 당하여도
기뻐하며 즐거워하라는
말씀을 기억하며 간다면
천년을 하루같은 마음으로 갈 수 있고

마음의 즐거움은 양약이라도
심령의 근심은 뼈로 마르게 한다는
잠언의 말씀도 기억한다면
그날그날이 즐거움 뿐입니다

광야는 불평의 길이 아니라
기쁘고 즐거운
여행길이 되어야 합니다.

광야 길에도 해는 떴다가 집니다

광야 길에도
해는 떴다가 집니다
별도 달도 수없이 떴다가 지곤 합니다

그리고 그 사이
수많은 인생들이 왔다가 갔습니다
저 달은 알고 있을까요
저 별은 알고 있을까요
저 해는 무엇을 기억하고 있을까요

얼마나 많은 시간이 만들어낸
세월의 흔적들을
수많은 사연들이 돌고 돌아온
그 이유들을 말입니다

어느 누군가는
기쁨의 노래를 불렀으며

어느 누군가는
아픔의 노래들을
만들어 냈는지를 말입니다

어느 쯤에 시간이 만들어지고
어느 쯤에 세월의 시간이
멈추어질 지를 알고 있을까요

때때로 떨쳐버리고
묻어버리고 싶었던
이별의 사연들을
그 무엇에 담아 기억하고 있을까요

그렇게 또 시간은 가고
세월이란 두터운 겉옷가엔
긴 한숨만 묻어나고
빨아버려도 지워지지 않는
삶의 흔적들을 안고

저 태양은
저 별과 달은
오늘도 바지런히 광야 길을 좇아옵니다.

광야를 지나려면 등불을 준비해야 합니다

주의 말씀은 내 발에 등이요
내 길에 빛이니이다 <시 119:105>

어렸을적 밤길을 걸어갈 때
등불을 들고 다닌 적 있었습니다
그것도 아차 하면 꺼질새라
조심조심 다녔더랬습니다

어두운 광야를 지나려면
등불이 필요합니다
비가 오거나 바람불어도
꺼지지 않는 등불이 필요합니다

하나님은
광야를 지나는 사람들을 위해
등불을 마련하여 주셨습니다

이 등불만 갖고 있으면
어떤 폭풍우가 몰아와도
능히 견뎌낼 수가 있으며
아무리 깜깜한 밤이라도
대낮처럼 환하게 비춰줍니다

길을 잃을 염려도 없고
무서워 두려워하지 않아도 됩니다
이 등불은 하나님 말씀입니다
말씀은 등불이 되어줄 뿐 아니라
보호자가 되어
가장 안전한 곳으로 인도하여 주십니다

주의 말씀을 품으십시오
주의 말씀에 귀를 기울이십시오
주의 말씀을 사랑하십시오

"주의 말씀은 내 발에 등이요
내 길에 빛이니이다."

광야를 지나며 필요한 것은 주의 말씀입니다.

광야길 가려면 경험이 커다란 도움이 됩니다

옛날을 기억하라
역대의 연대를 생각하라
네 아버지에게 물으라
그가 네게 설명할 것이요
네 어른들에게 물으라
그들이 네게 말하리로다 <신명기 32:7>

광야를 지나면서
돌무더기를 쌓고
사건 하나하나를 기억하는 이유는
배우기 위함이요
기억하기 위함입니다

어른들을 무시해서는 아니됩니다
르호보암이 어른들의 말보다

젊은이들의 말을 들었다가
이스라엘이 둘로 나뉘어진 까닭입니다

요즘 젊은이들
노인들 알기를 우습게 알고
존중히 여김과 사랑하는 마음은
털끝만큼도 없는 것이 문제입니다

아무 것도 알지 못하는
광야 길을 지날 때에는
앞서간 사람들의 경험을
잘 듣고 따라감이 도움이 되기도 합니다

가정도
비즈니스도
나라를 다스림에도
선례를 무시하면 안되는 이유입니다

광야를 지날 때에는
앞서간 선진들을 따라가는 것이
최고의 지혜입니다.

광야에서도 아름다운 추억을 만드십시오

여호와여 구하오니 내가 주의 앞에서
진실과 전심으로 행하며 주의 목전에서
선하게 행한 것을 추억하옵소서 하고 <사 38:3>

사람은 기억력을 갖고 있습니다
감정을 가지고 있지요
나쁜 추억은 빨리 지우려 하고
좋은 추억은 오래 갖고 싶어하지요

광야를 지나는 것이 분명,
좋은 추억은 아니지만
지나고나면 그보다 더 아름다운 추억은 없지요

남자들 한번 보세요
지긋지긋한 군생활이었지만
평생의 이야기거리가 되잖아요

당장은 힘들고 어려워서
다시는 광야에 오지 않겠다고
수백번 내뱉어보아도
평생의 추억거리로 남을 수 있는거에요

꼭 가야만 하는 광야 길
하지만,
나를 알아가고
나로 나 되게 하고
하나님을 깊이 배워나가는
아름다운 추억의 거리로 만들어 보세요

히스기야 왕이
자신의 진실함과 선하게 살아온 것을
하나님께 기도했을 때
하나님은 그의 선함을 보시고
생명을 연장하여 주셨습니다

눈물을 흘리며
선한 씨앗을 뿌리는 자에게
광야의 신학은
기쁨의 단을 거두는 축복을 알게 해주십니다.

낮아지고 깨어진 사람만이 가는 곳 광야

네 하나님 여호와께서
사십년 동안에 너로
광야의 길을 걷게 하신 것을 기억하라
이는 너를 낮추시며
너를 시험하사
네 마음이 어떠한지
그 명령을 지키는지
아니 지키는지 알려하심이라 <신 8:2>

너를 낮추시며
너로 주리게 하시며
또 너도 알지 못하며
네 열조도 알지 못하던 만나를
네게 먹이신 것은

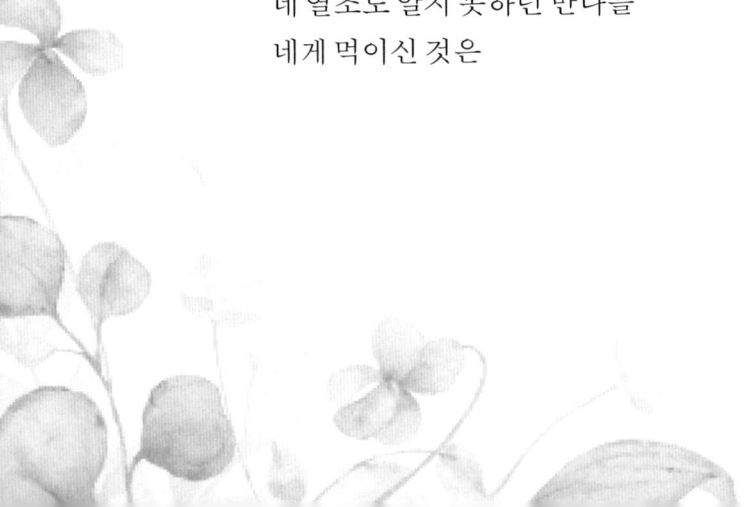

사람이 떡으로만 사는 것이 아니요
여호와의 입에서 나오는
모든 말씀으로 사는 줄을
너로 알게 하려 하심이니라

왜 광야 길을 허락하셨는지
왜 그 길을 가야만 하는지를
확실하게 보여주고 있습니다

하나님은 지금도
낮아지고 깨어지고
겸비한 마음으로 돌아오기를 기다리고 계십니다.

광야길, 홀가분한 마음으로 가세요

네 짐을 여호와께 맡겨 버리라 <시 55:22>

삶을 살아가는데 있어
생각지도 않았던 곳에서
믿었던 사람들로부터도
마음 아픈 일을 당하는데
어찌 여기저기서 어려운 일이 없겠습니까

아무 것도 아닌 소소한 것으로
괜한 오해를 받을 수도 있고
시기질투로 말미암은
곤란한 일을 만날 수도 있지요

최근에 직장을 그만두면서
사람과 일,
관계란 것을 생각하면서 나를 돌아봅니다

삶이란 멍에가 다양하게
많이도 있다는 것을 깨닫습니다

그러잖아도 험난한 광야길
서로 손잡고 위로해주며 가도 쉽지 않은 길인데
마음 맞는 사람 만나기가 참으로 어렵기만 합니다

마음 비우고 허허거리며 가고파도
이리 채이고 저리 채이며 사는
광야의 삶이 이제는 힘겹기만 합니다

그래도 가야만 하는 길이기에
마음 다잡고
스스로에게 채찍질 하며
한발짝 한발짝 걸음을 뗍니다

지금까지 광야의 길을 걸어왔던
믿음의 선진들이
그렇게 고독과 싸우며
힘든 삶을 살아왔기 때문입니다

나라고 해서
그 길에서 예외를 바라면 안되겠지요?

광야 길에 필요한 것은
건강 지혜 믿음 은혜인 것을…

인생이란 것이
나그네 길임을 알면서도
손에 잡은 것이 그리도 많고
머리에도 이고
등에도 짊어지고
밀고 끌고 가는 것이 너무 많아
가는 길이 왜 이리도 더딘지…

홀가분한 마음가짐 가벼운 옷차림으로
허리띠 졸라매며 가도 벅찬 데
왜 이리도 주절주절 주워들고
질질 끌고 가는지 참으로 모르겠습니다

적신으로 왔다가 적신으로 돌아가는 거
그게 인생이며 그리스도인의 모습인 것을…

다 쓰지도 못하고
다 입어보지도 못하고
다 활용하지도 못하고 가야 할 것을
왜 그렇게 목을 매며 바둥거리는지…

광야를 지나면서
나그네 길 가면서
필요한 재산은 물질이 아니라
건강 지혜 믿음 은혜인 것을…

주님 말씀하시기를
일용할 양식 구하라 하시며
먹을 것과 입을 것이 있은즉
족한 줄 알라 하셨는데

내일 것도 모레 것도
1년 후 아니, 그도 모자라
자자손손 먹을 것까지 쌓아놓고 있으니…

오늘따라
공중나는 새들과
들에 핀 꽃송이들이
왜 이리도 부럽고 부끄러운지 모르겠습니다.

광야길, 짐을 가볍게 해주십시오

지난 토요일
지인의 이사하는 것을 도와주었습니다

며칠 전부터 어지간한 물건들은
여기저기 나누어 주었으며
이 날도 가구를 비롯해
많은 짐을 가볍게 만들었습니다

자연스레 이런 말이 나왔지요
이사할 때마다 느끼는 것은
몇 십년 쓰지도 않는 것들을
끌어안고 가는 것을 보면
스스로도 이해할 수가 없다는
그런 말이었습니다

이사짐은 가볍게 할수록 좋습니다
살아가며 죄를 짓는 것들도

가벼울수록 좋습니다
우정이나 사랑은 묵직할수록 좋지만
안좋은 것들은 가볍게 해줌이 좋습니다

광야길 걸어가며
걸리적거리고
짐이 되는 것은
과감하게 줄이는 것이 좋습니다
짐보다는 어깨동무하고
대화하며 함께 갈 친구 많음이 훨씬 좋습니다

아니 그래도
버거운 광야 길에서는
짐을 가볍게 해주는 것이 현명한 일입니다.

예배의 단을 잘 쌓아야 합니다

우리가 사흘길쯤 광야로 들어가서
우리 하나님 여호와께 희생을 드리되
우리에게 명하시는대로 하려하나이다 <출 8:27>

힘들고도 먼
눈물없이 갈 수 없는 광야길
승리하며 갈 수 있는
힘의 원천은 예배입니다

이스라엘 백성들이
애굽을 나오고자 했던
궁극적인 목적은 바로
하나님을 예배하기 위해서였습니다

하나님이 아브라함을 불러
가나안으로 들이는 목적도

당신을 예배하라고 한 것입니다

아브라함은 가는 곳마다
단을 쌓았지만
하나님을 믿지 않았던
가인과 그의 후예들은
가는 곳마다 성을 쌓았습니다

우리로 이 광야길 걸어가게 하심은
하나님만을 사랑하고
하나님만을 예배하도록 하는
하나님의 질투하시기까지
우리를 사랑하시는 까닭입니다

하나님은 오늘도
번제의 향이 피어오르는
그 거룩한 단에서
예배자를 찾으시며
우리의 예배를 기다리고 계십니다.

순례자가 꼭 붙잡고 가야 할 말씀

네가 물 가운데로 지날 때에 내가 함께할 것이라
강을 건널 때에 물이 너를 침몰치 못할 것이며
네가 불 가운데로 행할 때에 타지도 아니할 것이요
불꽃이 너를 사르지도 못하리니 <사 43:2>

광야를 지나는 순례자가
붙들고 가야할 말씀이 많지만
아마 위의 말씀처럼
힘이 되는 것도 없을거에요

여기에 이 말을 더해 볼까요?
네가 광야 길을 걸어갈 때에도
음침한 골짜기를 지날 때에도
모래사막 위를 걸을 때에도
하나님은 우리와 함께 하시며
안내자가 되어 주신다는…

광야를 지나며
누가 옆에 있어주기를 바라십니까
무엇을 잡고 지나가기를 원하십니까

눈먼 우리가 잡는 것은
언제나 썩은 동아줄이요
지나가 버리는 것이요
세상적인 것이기에
영원히 시들지 아니하는
알파와 오메가 되시는
하나님 말씀을 끌어안고 가면 안될까요

화려한 옷으로 치장하고
지식으로 분장을 해도
영혼의 죄를 덮어주고
하나님 앞에 서도록 하는 것은
말씀 밖에 없습니다

말씀 안에 길이 있고
말씀 안에 빛이 있고
복주심과 생명이 있기에
말씀을 양식삼고 의복삼아
순례자의 길을 힘차게 걸어가 보렵니다.

처음과 나중 – 알파와 오메가

이는 만물이 주에게서 나오고
주로 말미암고 주에게로 돌아감이라
영광이 그에게 세세에 있으리로다 아멘 <롬 11:36>

기독교 신앙의 가장 기초적이자
기본적인 믿음의 도리를 알려주는
말씀이 위의 말씀이라 봅니다

모든 존재의 시작과
모든 존재의 섭리(목적)
모든 존재의 결과(마지막)를
한 절에서 다 보여주고 있습니다

시작과 끝
처음과 나중
알파와 오메가

그렇습니다
그분이 바로 창조주이시고
다스리시고
마지막의 결과를 도출해 내시는
알파와 오메가의 하나님이십니다

그 어느것 하나
그의 손길 닿지 않은 것 없고
그 어느것 하나
의미없이 주어진 것이 없습니다

복주심도 저주하심도
아프게 하심도 건강케 하심도
살리심도 죽이심도
응답하심도 응답지 아니하심도
하나님에게는
세밀하게 계획하시고 인도하시는
놀라운 사랑일 뿐입니다

수많은 계획하심 중에서도
광야의 길은
신앙인으로서 꼭 가야만 하는 길입니다.

눈물 골짜기

주께서 그들에게
눈물의 양식을 먹이시며
많은 눈물을 마시게 하셨나이다 <시 80:5>

눈물에도 감정이 있습니다
기뻐서 나오는 눈물
슬퍼서 나오는 눈물
힘들고 괴로워서 나오는 눈물…

광야길 걸어가며
눈물 아니 흘려본 이 있을까요?
하여, 인생여정을 눈물 골짜기라고도 합니다

눈물이 다 나쁜 것만은 아닙니다
눈물은 눈의 피곤함을 풀어줄 뿐 아니라
마음도 정화시켜주지요

지난해는 참 많은 눈물 골짜기를
지나온 듯 합니다
경제적 깊은 수렁에서부터
불신과 권세의 광풍이 휘몰아치는
사랑이 메마른 골짜기까지…
코로나로 말미암아
골짜기 골은 더 깊어지기만 했습니다

여러분들은 지금
어느 눈물의 골짜기를 지나고 계신가요?

조금만 더 지나가면
기쁨의 단을 거두는 때가 올 것입니다
조금만
조금만 더 울어주세요

사람도 눈물 앞에 약하지만
하나님도 눈물 앞에 약하답니다.

시간이 약입니다 – 크로노스와 카이로스

참으로 힘들고도 복잡한
한해였던 것 같았는데,
한해를 보내는 것은 여느 해와
별반 다르지 않게 보내고 있습니다

시간이 무심한 것인지,
무정한 것인지 모르겠지만
때때로 시간은 커다란 위로가
되어주기도 하는 것 같습니다

"시간이 약"이란 말이
거저 있는 것은 아닌 모양입니다

이 시간이 참으로 힘들고
어려운 분들도 계시겠지만
잘 붙잡고 견디면
좋은 시간도 올 줄 믿습니다

크로노스의 시간을 살면
하루가 일 년 같고
카이로스의 시간을 살면
일 년도 하루 같습니다

크로노스,
세상의 삶을 추구하면 불행하지만
카이로스,
하늘의 삶을 살면 행복합니다

광야의 삶은
크로노스가 아닌
카이로스의 시간으로 살아야
가볍게
즐거운 마음으로 지나갈 수 있는 겁니다.

어떤 얼굴을 갖고 계십니까

갓난 아이의 얼굴이 있고
10대의 얼굴이 있고
20대의 얼굴이 있고
30, 40, 50대의 얼굴이 있고
60, 70, 80대의 얼굴이 있습니다

사람은 한 사람인데
삶의 여정따라 천의 얼굴로 바뀝니다
사랑하는 사람의 얼굴과
버림받은 자의 얼굴이 다릅니다

열일곱 수줍은 얼굴이 있는가 하면
짐승처럼 뻔뻔한 얼굴이 있고
수치와 부끄러움을 모르는
철면피 같은 얼굴도 있습니다

그래서 사람들은 얼굴을 보고
대강의 나이 짐작을 합니다
얼굴을 보고
그 사람의 마음까지도 헤아립니다

얼마나 힘든 삶을 살고 있는지
마음의 병이라도 있는지
근심 덩어리라도 갖고 있는지
얼마나 기뻐하고 있는지 말입니다

사람들은 누구나 할 것 없이
얼굴 화장하기를 좋아합니다
감추이고 싶어하는 사람이 있고
돋보이게 하려 하는 사람이 있고
남의 마음을 빼앗으려 하는 사람도 있습니다

광야 길에도 여러갈래 굴곡이 있습니다
그 굴곡따라 피어나는 얼굴이 다릅니다

오늘은 거울을 한번 봐야겠습니다
내 얼굴의 모양이 어떠함에 따라
내 광야의 길이 어디쯤인지
짐작해 볼 수 있기 때문입니다.

낮은 것은 돋워주고, 높은 것은 낮춰주고

무릇 자기를 높이는 자는 낮아지고
자기를 낮추는 자는 높아지리라 <눅 14:11>

바쁜 농사철이 돌아왔습니다
밭갈고 논갈고 거름 내다 주면서
한해의 농사를 준비합니다

파종도 해야 하고
모내기판도 만들면서
해뜨기 전부터 해질 때까지
부지런히 움직여야 합니다

씨앗뿌리는 비유가 생각납니다
길가밭에 떨어지지 않도록
돌짝밭 돌들은 걸러내고
가시덤불도 걷어내야
좋은 밭이 만들어집니다

우리 인생도 그와 같습니다
살아가면서 강퍅해지고
딱딱해지기 쉬운 마음 터전을
보드랍게 만들어 주어야
씨앗이 잘 자라기 때문입니다

기도로 거름을 주고
말씀의 생수를 주면서
30배 60배 100배의 결실을 하도록
낮은 것은 돋우어 주고
높은 것은 낮추어 주는 작업이 필요합니다

광야길 걸어가며
길가밭 만나고
돌짝밭 만나도
가시덤불로 뒤덮여도
포기하지 마시고
끝까지 땀흘려 수고하면
기쁨으로 추수를 하게 됩니다

땀흘림 없이
수고함 없이 거두고자 하는 것은
도둑놈 심보일 뿐입니다.

알러지 없으세요?

한국에서 살 때는
알러지를 모르고 살았습니다
미국에 와서 3, 4년
또는 5, 6년 살다보면 알러지가 찾아옵니다

봄만 되면
꽃가루 알러지가 기승을 부립니다
자동차 위에도
시퍼렇게 날아와 앉습니다

눈물 콧물 재채기에
눈과 목의 가려움도 대단합니다
나이가 들어갈수록
철따라 알러지가 찾아옵니다
음식에서도 하나둘 생깁니다

많은 사람들이
알러지로 고생을 합니다
먼지 알러지
약으로 인한 알러지
알러지 종류도 상당합니다

그뿐 아닙니다
사람을 대할 때에도
알러지 반응을 일으키는 사람도 있습니다

보기만 해도 진저리 쳐지고
몸서리 쳐지는 사람이 있습니다
닭살돋는 사람이 있습니다

하나님은 그 모든 것까지라도
하나님 자신에게 맡기우라 하십니다
당신이 친히 해주시겠다고 하십니다

약으로도
침으로도
쉽게 낫지 않는 알러지
선한 일로 악을 갚아나가고
믿음의 선한 싸움으로
광야길 지나며 얻어지는 알러지를
예수님의 사랑으로 이겨 나가는
우리 모두가 되었으면 참 좋겠습니다.

나그네에게 권면하는 말씀

사랑하는 자들아
나그네와 행인 같은 너희를 권하노니... <벧전 2:11-12>

인생은 나그네입니다
어떤 사람은 종일토록
광야만 지나갈 것이고
어떤 사람은 운이 좋아
넓고 평탄한 길로도 갈 수 있습니다

하지만 어느 길로 가든지
지나가는 나그네임은 분명합니다
성경은 나그네를 향한
분명한 메세지를 주고 있습니다

육체의 정욕을 제어하면서
영혼을 위한 싸움을 하라고 합니다
나그네 길에 선한 일을 도모하며

악한 일은 버리라고 합니다 <벧전 2:12>

착한 행실을 보임으로
이방인들에게 비방거리를 주지말고
하나님에게 영광을 돌리우게 하라고 합니다

너희는 세상의 빛과 소금이라 하셨으니
나그네 길 가는 동안
빛을 비추어 어둠을 밝히우고
소금으로 맛을 내라고 합니다

빛은 상대를 가려내어 비추이지 않습니다
소금도 어느 특정한 사람에게만
맛을 내어주지 않습니다

할 수만 있다면
너희로서는 모든 사람과 더불어
화목하라고 하신 말씀을 기억하며
기쁜 마음으로 십자가 지고 가십시다

광야를 주신 이유는
하나님 말씀을 듣고 배우며
하나님의 사람으로 만들어지는
참 인생으로 만들어지는
하나님의 학교를 다니는 것입니다.

⟨인생론 1⟩
인생이 무엇임을 알게 하소서

여호와여 사람이 무엇이관대
주께서 저를 알아주시며
인생이 무엇이관대 저를 생각하시나이까
사람은 헛것 같고
그의 날은 지나가는 그림자 같으니이다 <시 144:3-4>

인생이란 것이 무엇인지
삶이란 것이 무엇인지
수많은 시인들과 철학자들이 말해 왔지만
그 문제는 여전히 숙제로 남아 있습니다

어디서 왔다가 어디로 가며
존재의 의미는 무엇이며
인생이란 정체성은 무엇인지
아직도 혼돈 가운데
헤매는 인생들이 많다는 것입니다

어떨 때에는 아주 간단하고
아주 쉬운 답을
너무 진지하게 생각하다가
답을 틀리는 것처럼
인생도 그러한 듯 싶습니다

광야길 지나며
인생들이 하는 일이 무엇입니까
무엇을 할 수 있습니까

햇빛 하나 마음대로 줄 수 있나요?
비와 눈을 내리게 하거나
그치게 할 수 있나요?
온갖 질병들 하나 고칠 수 있나요?

눈에 보이지 않는 아주 작은
바이러스 앞에서도 속수무책인
인생들 아닌가요?
하늘의 별 하나 따올 수 있고
매달아 놓을 수 있나요?

인생은
그 무엇으로도
그 어디에서도
행복을 얻을 수가 없고

그 무엇도 할 수가 없는 존재입니다

인생이 행복해지려면
주인에게로 돌아가는 겁니다
나를 지으시고
나를 주관하시고 섭리하시는
전능하신 하나님을 인정하고
그분에게로 돌아가는 것입니다

인생에게 광야길 주심은
인생이 아무 것도 아님을 알고
인생을 지으신 하나님만을
의지해야 한다는 것을 배우는 시간입니다.

###〈인생론 2〉
인생은 아무 것도 아닙니다

전도자가 가로되
헛되고 헛되며 헛되고 헛되니 모든 것이 헛되도다
사람이 해 아래서 수고하는 모든 수고가
자기에게 무엇이 유익한고 〈전 1:2-3〉

인생은 한마디로 헛되다는 것입니다
살아보기 위하여 이것저것을 하지만
그 모든 것이 헛되다는 것입니다

사람이 해 아래서 수고하는 모든 수고와
마음에 애쓰는 것으로 소득이 무엇이랴
일평생에 근심하며 수고하는 것이 슬픔뿐이라
그 마음이 밤에도 쉬지 못하나니 이것도 헛되도다
〈전 2:22-23〉

인생의 모든 것은 근심과

슬픔뿐이라는 것입니다
영화를 누리더라도
지금 행복하다 하더라도
그것이 사라지는 것이라면
그것이 변하는 것이라면
영화를 누리는 내가 영원하지 않다면
그것은 결국 슬픔뿐이라는 것입니다

여호와여 사람이 무엇이관대
주께서 저를 알아주시며
인생이 무엇이관대 저를 생각하시나이까
사람은 헛것 같고 그의 날은
지나가는 그림자 같으니이다. <시 144:3-4>

인생은 헛것 같고
그 삶의 날수는 지나가는
그림자 같다는 것입니다
그림자는 헛것이며
아무 것도 아니라는 것입니다

주께서 나의 날을 한 뼘 길이만큼 되게 하시매
나의 일생이 주 앞에는 없는 것 같사오니
사람은 그가 든든히 서 있는 때에도
진실로 모두가 허사뿐이니이다
여호와여 나의 종말과 연한이

언제까지인지 알게 하사
내가 나의 연약함을 알게 하소서
진실로 각 사람은 그림자 같이 다니고
헛된 일로 소란하며 재물을 쌓으나
누가 거둘는지 알지 못하나이다. <시 39:4-6>

참으로 슬픈 것이 인생입니다
100년을 산다 해도 그 날의 길이는
한 뼘도 채 안된다는 것입니다
그마저도 주님 앞에서는
없는 것 같은 그림자라는 것입니다

인생은
주를 떠나서는 아무 것도 아닙니다.

〈인생론 3〉
인생은 나그네 길입니다

야곱이 바로에게 아뢰되
내 나그네 길의 세월이 백삼십 년이니이다
내 나이가 얼마 못 되니
우리 조상의 나그네 길의 연조에 미치지 못하나
험악한 세월을 보내었나이다 <창 47:9>

인생은
어딘가에
무언가에
뿌리를 내리고 사는 게 아닙니다

인생은
누군가를
무엇인가를 사랑해서도 안됩니다

잠시 가는 길
서로 힘을 얻어

함께 가고자 하는 것은 좋지만
마음 주고 정 주고
울고불고하며 사랑할 것은 못됩니다

그러한 것들에 마음 뺏기면
나그네 길이 무겁기만 합니다
설혹 살아가다가
잃어버리고 뺏기고
사랑하는 것을 잃어버렸다 해도
너무 마음 아파하지 마세요

"집 떠나면 고생"이라는 말처럼
야곱의 말을 들어보십시오
1백 30년 살아왔지만
험악한 세월을 보냈다고 합니다

그는 참으로 기구한 삶을 살아왔습니다
그의 고백은 모든 인생의
동일한 고백이기도 합니다

나그네라 하는 것은
본향을 향하여
목적지를 향하여
오늘도 내일도 모레도
끊임없이 쉬지 않고 걸어가는 것입니다.

〈인생론 4〉
호흡이 코에 있는 인생

너희는 인생을 의지하지 말라
그의 호흡은 코에 있나니
수에 칠 가치가 어디 있느뇨 <이사야 2:22>

인생은 호흡이 코에 있습니다
코에서 호흡이 떠나면
인생은 끝나버린다는 것입니다
인생은 아무 것도 아니라는 말입니다

인생 홀로는
결코 살아갈 수 없는 존재라는 것입니다
홀로 있어서는 인생이 아니라는 겁니다

인생을 지으시고
코에 호흡을 주신 분이 함께 하실 때에
비로소 인생이 되는 것입니다

우리 인생은 목적지를 향하여
달려가는 나그네입니다
목적지에 다다르면 우리 호흡은 멈추게 됩니다

좋으신 하나님은
나그네 길 다 가도록 힘을 주시고
인생의 호흡(생명)을 붙잡아 주십니다
참새 한 마리도 그분 허락없이
떨어지지 않는 이유입니다

지나가는 나그네요
목적지를 향해 가는 인생은
미련도 욕심도 버려야 합니다
좌고우면 하지 마시고
오직 푯대만 향하여 달려 나가십시오

하나님은 나그네 길에서
무엇을 가졌는가를 보지 않으시고
그분이 주신 지도(road-map)를 따라
걸어 왔는가를 보십니다
몇 번 넘어지고 쓰러졌는가는 중요하지 않습니다
지금 어떤 호흡을 하고 있는 지가 중요합니다

호흡이 코에 있는 인생은 아무 것도 아닙니다.

〈인생론 5〉
하나님 떠난 인생은 한줌 흙에 불과합니다

나는 여호와 너희의 거룩한 자요
이스라엘의 창조자요 너희 왕이니라 <사 43:15>

세상 모든 만물의 주인은
하나님이십니다
세상 모든 만물은
하나님의 것입니다
하나님의 선하신 뜻에 의하여
운영되어지고 있으며
모든 만물의 끝은
하나님에게로 돌아가게 되어 있습니다

그래서 그분을 가리켜
알파(처음)와
오메가(나중)라 부르기도 합니다

사람도 하나님이 지으셨습니다
아메바 미생물이
원숭이가 우리 조상이 아니라
사람을 지으시고 호흡을 주시고 생명을 주신
하나님이 우리의 주인이십니다

하나님을 떠난 인생은
마치 가지가 나무에서
떨어져 나감과 같은 것입니다
그것은 죽은 가지입니다

인생, 그 혼자서는
흙으로 만들어진 조각품일 뿐입니다
하나님의 영원한 생명이 함께 하실 때에만이
비로소 살아있는 존재가 되는 것입니다

하나님과 함께 하는 인생이야말로
참 인생입니다
하나님을 떠나서는
아무 것도 할 수 없는,
아무 것도 아닌 흙덩어리에 불과할 뿐입니다

인생의 주인되시고
만물의 주인되시는
하나님을 모셔들이고

하나님과 함께 동거하십시오

하나님은 지금도
문 열어 놓으시고
여러분들이 하나님 품으로
돌아오기를 기다리고 계십니다.

광야에서의 믿음과 기도 생활

광야길 기도로 가십시오

너희 염려를 다 주께 맡겨 버리라
이는 저가 너희를 권고하심이니라 <벧전 5:7>

내일을 알 수 없고
가는 길도 알 수 없는
광야길 가면서 어찌 기도가 없을 수 있습니까

어떤 일을 만날는지
어떤 사고를 당할는지
알 수 없는 혼미한 광야길
인생의 주관자가 되시는
하나님에게 기도함으로 여러분의 삶을 맡기십시오

기도는
나의 연약함과
나의 어리석음을 인정하며

지식과 지혜의 근본이신 하나님에게
도움을 요청하는 것입니다

기도는
나의 경험과 나의 자랑,
나의 생각과 나의 지식이
아무 것도 아니라는 것을
전능하신 하나님에게 고백하는 것입니다

몇 십년 걸어가야 하는 광야길
우리의 앉고 일어섬을 아시며
하늘 끝에 가 있을지라도
깊은 바다 속에 있을지라도
거기에도 계시며 인도하시는
하나님을 인정하는 것입니다

살리기도 하시고
죽이기도 하시는
아프게도 하시다가
싸매어 주시기도 하시는
생사화복을 주관하시는 하나님에게
나의 전부를 맡기는 것입니다

광야 길에 꼭 필요한 것은
전능하신 하나님 앞에 무릎을 꿇는 일입니다.

기도의 보금자리를 만드십시오

너는 기도할 때에
네 골방에 들어가 문을 닫고
은밀한 중에 계신 네 아버지께 기도하라
은밀한 중에 보시는 네 아버지께서 갚으시리라 <마태복음 6:6>

광야길 가며
따사로운 보금자리를 만들 수는 없지만
그래도 틈틈이 시간내어
광야길 인도하시는
하나님을 만날 수 있는
기도의 보금자리를 만드십시오

특별한 자리가 아니어도 좋습니다
밤을 새운다든지
금식을 한다든지 하는 것도 좋지만
늘상 옆에 계시는

하나님을 기억하는 것이 더 중요합니다

잠자리에서든지
화장실에서든지
자동차 안이라든지
어디서든 만날 수 있는 하나님이기에
마음만 먹으면 아주 쉽게 만들 수 있습니다

은밀한 장소일수록 좋습니다
하나님과의 깊은 대화는
우리를 영적 깊은 세계로
인도하여 주시기 때문입니다

바쁘고 분주한 삶의
시간을 쪼개어
하나님 앞에 드리면
그분도 더 깊은 은혜로
우리와 함께 하여 주십니다

기도의 보금자리가 포근할수록
삶의 보금자리도 포근하여집니다.

광야에 서면 앞이 아니 보일 때가 있습니다

광야길 가다보면
앞이 아니 보일 때가 있습니다
세찬 모래바람이 앞을 가리거나
뜨거운 열로 인해 눈과 머리가
혼미해 질 때도 있기 때문입니다

바람이 불어오면
잠시 멈추어 서서
기다릴 줄 아는 지혜도 필요합니다
모래바람이 불어올 때는
잠시 등을 돌려
고개를 숙일 줄도 알아야 합니다

그리곤, 그분이 주시는
여러가지 시험들을
감사함으로 받을 수 있는 믿음도 필요합니다

그러면, 그분은
구름기둥 불기둥으로
은혜를 베풀어 주셔서
무사히 광야를 지나게 해주십니다

앞은 보이지 않아도
분명한 것은
하나님은 함께 하신다는 것입니다

광야에 서서
앞이 아니 보일 때가
하나님이 보일 때입니다.

광야길, 믿음으로 걸어가야 합니다

For we walk by faith,
not by sight <고후 5:7 KJV>

요즈음 세대는
보여지는 것이 좋아야 합니다
질적인 것보다
보여지는 외양이 더 좋아야 합니다
그래서 얼굴들을 뜯어고치고
무슨 '사(士)'자 하나라도 있어야
얼굴이라도 내밀 수 있습니다

그러나 언제나 그렇듯이
하나님은 중심을 보십니다
보여지는 것을 보시지 않고
내면의 믿음을 보시기 때문입니다

겉치레적인 신앙생활은 접어야 합니다

보여지는 헌신과 예배
목사이기에
장로이기에
직분자이기에
교회 다니는 것이 아니라
하나님을 믿기에
하나님 바라보면서 신앙생활을 해야 합니다

우리가 살아가고
걸어가는 광야 길은
한치 앞도 내다볼 수 없는 길이기에
오직 믿음으로 걸어가야 합니다

보여지는 길을
보여지는 삶을
추구하거나 바라보아서는 아니됩니다

길이 아닌 것 같아도
좁은 길 가시밭길일지라도
길이요 생명이라 외치시는
예수님만을 따라가야 합니다

믿음으로 걸어갈 때에
하나님은 우리의 발걸음을 붙들어 주십니다.

광야는 하나님 만나는 지름길

사도 바울이 자유로울 때
복음은 전해지지만
하나님을 만날 때는
감옥에 있을 때이다

다니엘이 자유로울 때
기도할 수는 있지만
하나님을 체험할 때는
사자굴에 들어가서이다

몸은 밖에 있을 때
자유로울 수 있으나
영은 갇힐 때에
하나님을 만날 수 있다

광야의 신학은
온 몸과 영혼을 가두지만

하나님을 만나는 지름길이다

광야와
고난 중에
길이 없는 듯 보이나
길이 없는 곳에서
믿음의 날개는 하늘을 날아오른다.

광야에서 믿음이 견고해집니다

핍박을 받고
어려움을 당하면
믿음이 사라질 것 같지만
오히려 믿음은 더욱 견고해집니다

건강할수록
행복하게 살수록
믿음이 더 좋을 것 같지만
약하고 행복하지 못할수록
하나님을 찾는 믿음은
더욱 두터워지는 법입니다

기독교의 이해할 수 없는
역설적인 진리입니다
그래서 지금도 핍박과
어려움은 계속되고 있는 거지요

하나님은 당신의 택한 자녀들이
견고한 믿음에 설 수 있도록
우리들을 광야로 인도하십니다

광야에서
기도하게 하시고
금식하게 하시고
말씀보게 하시고
순종하게 하시며
사랑을 배워 나가는 겁니다

광야 지나는 것을
두려워하지 마십시오
광야를 지날 때
하나님을 더욱 의지하기 때문입니다.

광야 길에서 호화스런 삶은 포기하십시오

**베드로가 여짜와 가로되
보소서 우리가 모든 것을 버리고 주를 좇았나이다 <마가복음 10:28>**

기왕이면 다홍치마라고
여행길도 넉넉하고 부요하게
지나갈 수 있다면 좋겠지만
아이러니하게도 성경은
부하려 하지 말라 말씀하고 있습니다

부한 것들이 오히려
멸망에 이르게 하는
시험거리가 된다는 것입니다

아브라함은 전쟁에서 이겨 얻은
탈취물에도 욕심부리지 않았고
모세도 애굽에서의 부함을 뒤로 하고

광야 길로 나섰습니다

예수님을 따랐던 제자들도
배와 그물을 버려두고
예수님을 따라 나섰습니다

하나님은
믿음의 사람들에게
부를 의지함보다
하나님 의지할 것을 요구하십니다

믿음이란
천국이란
부함으로 얻어지는 것이 아니기 때문입니다

세상에서의 부함을 버릴 때
광야에서는 거리낌없는
호화스러운 발걸음을 옮겨갈 수 있습니다

광야를 걸어감이
선택된 자에게만 주어지는
축복이요 은혜의 길이기 때문입니다.

광야에 서면 절실한 기도가 나옵니다

평탄한 삶에서도 기도하지만
절박한 기도는
광야에 설 때입니다
죽기 아니면 살기 식으로
기도하기 때문입니다
그래서 광야에서의 기도는
즉각 응답받는 일도 많습니다

기도응답이 더디다고 불평하지 마세요
둘 중 하나일 겁니다
간절함이 없거나
더 연단하고자 하는
그분의 뜻이 있을 때입니다

간절한 기도는 절대적으로
그분을 신뢰할 때 나오는 것입니다
평탄한 가운데서의 기도는

나의 지혜와 나의 능력이
함께 작용하고 있습니다
들어주셔도 그만
아니 들어주셔도 그만인 기도는 응답이 없습니다

하나님은 때때로
우리의 믿음을 시험하사
우리를 광야로 몰아세우실 때가 있습니다

광야로 몰아세우실 때가
기도할 때이며
하나님을 만날 수 있는 때입니다.

광야에서는 멀리 바라보아야 합니다

광야길 가려면
멀리 바라보는 안목이 필요합니다
짧은 1백미터 길이 아니고
마라톤처럼 장거리 길이기 때문입니다

광야 길은
한시 앞을 예측할 수 없습니다
언제 모래폭풍이 불어올 지
언제 더위와 추위가 닥쳐올 지
언제 뱀과 전갈이 달려들 지
아무도 모르는 상황입니다

이럴 때는
멀리 바라볼 수 있는 안목이 필요합니다

당장의 현실을 바라보면
암담할 수밖에 없지만

멀리 바라보면
길이 보이기 때문입니다

그리고 이미 앞서간
선구자들이 있기 때문입니다
그들이 남긴 지혜와
삶의 묘수가 모래사막 위에
남아 있기 때문입니다

먼 광야길 가면서
너무 조급해 하지 마시고
길이 아니 보여도 낙담하지 마시고
조금만 더 멀리 바라보는
안목과 믿음을 가져보시기 바랍니다
그러면 반드시 길이 보입니다.

광야길 가려면 주바라기가 되어야 합니다

**내가 항상 여호와를 바라보는 것은
그분만이 나를 위험에서 건져 줄 수 있기 때문이다
<시편 25:15, 현대인의 성경>**

찾고 구하고 두드려도
아무 것도 얻을 수 없는 광야에서는
오직 하나님이 주셔야만 하기에
하나님만 바라보아야 합니다

그러면 하나님은 하늘문을 여사
만나를 내려주시고
메추라기를 보내주시고
반석에서 물을 내어 주시고
뜨거운 한낮에는 구름기둥으로
추운 밤에는 불기둥으로
이불을 덮어 주십니다

광야길 가면서
일용할 양식을 구하고
주님만을 의지하는
주바라기가 됨을 배웁니다

40년 광야의 길에
헐벗거나 굶주리지 아니하고
살아가도록 도우신 하나님을
바라보게 하시는 것입니다

저들이 가나안에
들어가지 못한 것은
굶어죽음이 아니라
불순종하고
하나님을 바라보지 않았기 때문입니다

광야를 지나면서
참되신 하나님이
어떠한 분인가를 배우게 되고
믿음이 무엇인가를 알게 되는 것입니다.

너무 멀리 떨어져 계시지는 말아 주십시오

오늘따라 왜 이리도
어깨가 무겁고
발걸음이 괴로운지 모르겠습니다

삶이 호락호락스러운 것이
아니라는 거 알면서도
힘들어 할 때가 있습니다

광야길 걸어가며
불만과 불평을 쏟아내었던
저들의 마음을 십분 이해하고도 남습니다

주님,
이럴 때는 어찌할까요
밥맛도 없어지고
입맛도 사라지고
모래를 씹어먹는 듯한 처절함이

온몸을 휘감아 돕니다

주님,
이럴 때는 어찌하면 좋은가요?
좋은 척
아닌 척 하는 가식 떨기도
이제는 역겨움기만 합니다

가야할 길은 아직 멀고도 먼데
모래먼지는 그치지 않고
더위와 추위 그리고,
수많은 아말렉들도 끊임없이 덤벼들고 있습니다

오늘따라
하나님의 음성이 듣고 싶습니다
아버지의 모습이 보고 싶습니다

주님, 너무 멀리
떨어져 계시지는 말아 주십시오.

광야길, 순종의 믿음이 최고입니다

이스라엘아 이제 내가 너희에게 가르치는
규례와 법도를 듣고 준행하라
그리하면 너희가 살 것이요 <신 4:1>

웃사는 참 억울하게 죽었습니다
그는 궤가 땅에 떨어져 부서질까봐
잡은 것뿐인데 말입니다

제가 그 옆에 있었어도
저도 서둘러 잡았을 것입니다
궤가 땅에 떨어져 부서지면 안되니까 말입니다

그런데 하나님은 진노하사
웃사를 쳐 죽였습니다
정말 하나님이 이해가 안됩니다
그렇게만 생각했습니다

하지만 하나님을 섬기는 데에는
하나님 말씀대로 순종하는 믿음이
그분이 주신 규례와 법도
그것을 준행하는 것이 더 중요한 것이었습니다

궤가 중요한 것이 아닙니다
성전이 중요한 것이 아닙니다
부지런히 일하는 것
기도 열심히 하는 것
봉사 열심히 하는 것 등등
그것이 중요한 것이 아닙니다

궤는 오직 어깨로 메어 운반해야만 했습니다
만지지 말라면 떨어져 부서지더라도
만지지 말아야 했습니다

오늘 우리는 핑계하지 맙시다
광야길 주신 하나님을 원망하지 맙시다
광야 길이든
죽음이 놓여 있는 길이든
범사에 기뻐하고 감사하며
가라고 하면 가는 것입니다

광야 길은
그런 각오로 가는 길입니다.

광야길 목적은 하나님을 예배하는 것

**애굽에서 인도하여 내신 여호와만 경외하여
그를 예배하며 그에게 제사를 드릴 것이며 <왕하 17:36>**

수많은 사람들이 애굽을 떠나온 이유는
하나님만을 예배하고자 하는
거룩한 마음 때문이었습니다

거룩한 마음을 광야 사막
모래 속에 묻어버리면 안됩니다
그들이 광야에서 죽어나간 이유는
그 마음을 광야의 거친 바람결에
날려 보냈기 때문입니다

메이플라워호를 타고
목숨을 버려가며
아메리카 땅에 온 이유도

하나님만을 예배하기 위해서였습니다

그러나 그들은 물질문명과 과학
허황된 세상 지식의 무덤에 갇혀
스스로 죽어가고 있으며
멸망의 구렁텅이로 빠져들고 있습니다

하나님만을 찾고
하나님만을 예배하겠다던
서약은 어디론가 사라져 버렸고
온갖 죄악과 쾌락의 자리에서
하나님의 영광을 가리고 있습니다

일어나 여호와께로 돌아가야 합니다
마음을 찢고 통회하며
십자가 밑으로 나아가야 합니다

가식과 입술뿐인
거짓 사랑을 버리고
밤새워 탕자를 기다리시는
하나님 아버지의 품으로 돌아가야 합니다

광야길 힘을 얻고
승리하며 갈 수 있는 비결은
하나님을 예배할 때입니다.

십자가 선홍빛, 그 보혈이 필요합니다

내가 눈녹은 물로 몸을 씻고
잿물로 손을 깨끗하게 할지라도 <욥 9:30>

노예생활을 하던 어느 흑인이
자기의 검은 살을 벗겨내려고
비눗물로 씻고 또 씻었다는 예화가 있습니다

우리의 죄를 닦아내기 위해
무엇이 필요할까요?

"흰눈보다 더 흰눈보다 더
 주의 흘리신 보혈로 희게 씻어 주옵소서"

밤새워 이 찬송을 불러도
눈밭에 뒹굴며 온몸을 닦아도
그 많은 죄를 다 씻어낼 수 없습니다

어저께 내렸던 눈은
어찌나 새하얗던지
두손으로 한웅큼 움켜잡아 보았습니다
그 옛날 눈을 받아먹었던 기억이
새록새록 생각나더군요

시오리 학교 등하교 길
눈에 폭 빠져 발 동동구르며
다녔던 기억도 떠오릅니다

욥이 고백합니다
이렇게 하얀 눈녹은 물로
몸을 씻는다고
잿물로 손과 발을 씻는다고
내 죄가 씻어질까

얼마나 고통이 심했으면
하얀 눈위에
몸뚱어리를 내던지고 뒹굴었을까

선홍빛 보혈로 그려진
십자가를 생각하며 눈밭에 뒹굴은걸까?

먹어야 할 것과 먹지 말아야 할 것

우리가 살고 있는 세상에는
별의별 음식이 많이도 있습니다
몇 십년 전만 하더라도
배곯아 죽기 일쑤였는데
지금은 입에 맞는
맛난 음식만 골라 먹기에도 부족한 실정입니다

그래서 맛있는 음식을 찾아
몇 십리 길도 해외까지도
찾아다니며 입을 즐겁게 해줍니다

그러나 아무리 먹을 것이 많아도
먹지 말아야 할 것은
먹지 말아야 합니다

에덴동산에 온갖 좋은 것 많았지만
그 중에 선악을 알게 하는

과실은 먹지 말아야 했습니다
하나님이 먹지 말라고 하셨기 때문입니다

아무리 맛있어도
아무리 맛있게 생겼어도
그것만은 먹지 말아야 했습니다

광야길 가는 동안
하나님 음성에 귀기울이며
가려 먹고
가려 말하고
가려 살아가는
삶의 지혜가 아니,
믿음과 은혜로 살아가는 자세가 필요합니다

하나님께서 공급자이시며
생명이심을 알아
그분의 말씀을 먹으며
살아가는 믿음이 필요한 것입니다.

믿음의 방정식

광야 길에는 먹을 것도 없습니다
사막 길에는 마실 물도 없습니다
집을 짓고 살아갈 수도 없습니다

씨앗을 심을 수도 없으니
추수할 것도 없습니다
목숨이 위태롭습니다
몸도 온전할 수가 없습니다

그래서 사람들은 많은 염려를 합니다
염려한다고 해서 키가 더 자라고
문제가 잘 해결된다면
얼마든지 염려하셔도 됩니다

들의 새들을 보십시오
들의 꽃들을 보십시오
저들은 아무 염려도 안합니다
아니, 염려가 무엇인지도 모릅니다

목숨을 위하여
먹을 것을 위하여
마실 것을 위하여
어떤 염려를 하고 계십니까

솔로몬은 말합니다
사람마다 먹고 마시는 것과
수고함으로 낙을 누리는 것이
하나님의 선물이도다

그렇습니다
내 힘으로 살아온 것 같고
나의 수고로 오늘이 있는 것 같지만
하나님의 함께 하심 때문에
오늘이 있는 것입니다

아무 것도 없는 광야 길이지만
하나님이 함께 하신다면
광야는 더 이상 광야가 아니라
천국이 되는 것입니다

믿음만큼 누리고
의지하는만큼 평안을 누리는 것이
믿음의 방정식입니다.

광야길, 용서하며 품어주며 가야 합니다

서로 인자하게 하며 불쌍히 여기며
서로 용서하기를 하나님이 그리스도 안에서
너희를 용서하심과 같이 하라 <엡 4:32>

광야 사막 한 가운데
놋뱀 지팡이가 높이 달렸습니다
용서와 사함과 구원의 은총이었습니다

독뱀에 물려 죽어가던 사람들이
놋뱀을 바라보면
살아나는 은혜가 있었습니다

우리 모두는
에덴동산에서 뱀의 유혹에 빠져
죽음의 길을 걸어가는
광야의 혹독한 길을 걸어가는

존재가 되었습니다

혼자의 힘으로는
살아날 수도 없고
광야 길을 건널 수 없는
죽음 가운데 있었던 존재였습니다

우리 주님이
십자가에 매달려 죽으신 것은
우리로 다시금 살게 하시는
하나님만이 갖고 계신
자비와 용서의 마음이었습니다

"용서란 그렇게 힘든게 아니야
 용서란 미움에게 방 한 칸 내주면 되는거야."

어느 드라마에 나온 대화입니다
용서하는 것이 힘들고 어렵다 생각하면
마음 속 방 한 칸 내어주면 되는 것입니다

자존심이란 방도 내려놓고
사랑과 용서의 싹을 키운다면
우리도 예수님처럼
용서하며 품어주며 사랑하며 살아갈 수 있습니다.

부활,
그것은 개념이 아니라 사실이어야 합니다

그리스도 예수의 사람들은
육체와 함께 그 정과 욕심을 십자가에 못 박았느니라 <갈 5:24>

육체의 부활을 믿으시나요?
부활하기 위해서는 어찌해야 하는지요?
먼저 죽어야 하겠지요?
죽음이 없으면 부활이란 단어가 필요 없는거잖아요

그리스도인인 성도들은
육체와 그 정과 욕심을
십자가에 못박았다고 합니다

예수 그리스도와 함께
십자가에서 죽은 것이지요
예수님과 접붙임된 우리는
아니, 그리스도 예수의 사람들은

예수님과 하나가 되었기에
그분의 죽음이 곧 우리의 죽음이라는거지요

그런데, 우리는 여전히 살아있네요
죄에 대하여서도
육체의 소욕에 대하여서도
정욕적인 것에 대하여서도
세상적인 것에 대하여서도
하나도 죽은 것이 없군요

그러니
부활의 기쁨이 없고
부활의 삶이 없는거지요

부활을 이야기하기 전에
먼저 모든 것들을
십자가에 못박아 죽어버려야 합니다

광야길 가는 것은
나를 쳐 죽임으로
부활에 동참하는 것입니다.

믿음의 부요함을 가지라

내 사랑하는 형제들아 들을찌어다
하나님이 세상에 대하여는
가난한 자를 택하사 믿음에 부요하게 하시고 <약 2:5>

무엇이 여러분들을
근심하게 하고 있습니까
무엇이 여러분들의
자유를 앗아가고 있습니까

근심은 무엇이며
가난은 무엇이며
부요는 무엇입니까
그것들을 가르는 기준은 무엇입니까

참된 기쁨
참된 행복
부요하게 하는 것은 무엇입니까

세상의 없어지는 것들은
참 기쁨과 행복이 될 수 없습니다
없어지는 것들은 진리가 아닙니다
진리가 아닌 것은
우리를 부요하게 하거나
행복하게 해줄 수 없습니다

참 부요와
참 행복은
손으로 짓거나 만든 것이 아닌
하나님 손으로 만든 것이어야 합니다

그분이 오늘
우리에게 약속하신 나라를
유업으로 가져야 한다는 것입니다

가난하다 말하지 마세요
마음의 부요가 없을 뿐입니다
아는 것이 없다 말하지 마세요
지식과 지혜의 근본은
여호와 하나님을 아는 것입니다

세상에서 가장 부요한 자는
하나님을 아버지로 알고
그 믿음을 고백하는 자입니다.

사랑의 마음 / 차문환

사랑의 마음으로 보면
이쁘지 않은 것이 없다

사랑이 가득찬 마음에서는
미움도
원망도
불평도 저절로 사라진다

미움의 마음으로 보면
사랑스레 보이는 것이 없다

미움이 가득찬 마음에서는
미움도
원망도
불평도 저절로 나온다

사랑의 마음으로 가득차려면
사랑을 모셔들이면 된다
미움의 마음으로 가득차려면
미움을 모셔들이면 된다.

광야에서의 연단과 훈련

광야는 하나님의 시험장(場)

네 하나님 여호와께서
이 사십년 동안에
너로 광야의 길을 걷게 하신 것을 기억하라
이는 너를 낮추시며 너를 시험하사
네 마음이 어떠한지 그 명령을 지키는지
아니 지키는지 알려하심이라 <신명기 8:2>

광야는
우리의 죄가 사함받는 곳
아사셀 양이 죄를 짊어지고
광야로 나가야만 했던 이유입니다

광야는
구원의 역사가 나타나는 곳
빌립이 광야 길로 나가
에디오피아 사람 내시를 만난 이유입니다

우리의 죄가 사하여지고
우리가 생명을 얻는 길은
모든 것을 버리고
광야, 그 빈들에 설 때입니다

광야에서 우리는
불평과 원망을 내뱉기도 하고
장대에 달린 놋뱀을 바라보기도 합니다

예수님도 광야로 나아가사
시험을 받으시니…

광야에서 우리는
하나님이 예비하신
믿음의 시험지를 받아듭니다.

광야에서 예수님 마음을 배웁니다

예수께서 무리를 보시고
산에 올라가 앉으시니 제자들이 나아온지라
입을 열어 가르쳐 가라사대
심령이 가난한 자는 복이 있나니
천국이 저희 것임이요 <마태 5:1-3>

빈들에 서 있을 때
가난해짐을 배웁니다
빈들에 서 있을 때
오병이어의 기적을 봅니다

내일 일을 위하여
염려하지 말라는
빈들에서의 소리를 듣습니다

지금까지 쌓아왔던

명예, 부귀, 권세의
무너지는 소리를
빈들에 서면 들을 수 있습니다

고요하면서도 위엄있는
위엄있으면서도 부드러운
그분의 목소리를
빈들에서는 들을 수 있습니다

낮아짐이 무엇인지
깨어짐이 무엇인지
사랑함이 무엇인지
빈들에서는 배울 수 있습니다

광야의 신학은
예수 그리스도의 마음을 배우게 합니다.

광야에서는 서두르지 마십시오

마음이 쉽게 흔들리거나
당황하는 일이 없도록 하십시오 <살후 2:2 下, 새번역>

광야에서는 서두르지 마십시오
서두르면 당황하게 됩니다
당황하게 되면
올바른 생각을 할 수가 없습니다

열 하루면
나갈 수 있었던 광야 길을
40년 동안 걸어갔던 것은
무엇인가 서두르다가
놓친 것이 있기 때문입니다

당황하다보면
현재의 일에 불만이 생깁니다

원망도 나옵니다
나오지 않는게 더 좋았다고
불평을 하게 됩니다

만나와 메추라기를 먹어도
만족이 없습니다
이빨 사이에 고기가 있을 때에
죽임을 당한 이유입니다

모두 힘든 광야를 지나고 있습니다
서두르지 마십시오
쓰러지면 다시 일어서십시오
하나님은 당신의 자녀들을
광야에 묻어버리지 않으십니다

광야에 있을 때가
하나님이 가까이 계실 때이며
하나님의 인도하심을 받을 때입니다.

광야에서 결단을 배웁니다

너희 섬길 자를 오늘날 택하라
오직 나와 내 집은 여호와를 섬기겠노라 <수 24:15 下>

광야에 나가 서면
뜨거운 햇살로 몸이 뜨거워집니다
밤의 광야는
추위로 온 몸을 떨게 합니다

광야에 나가 서면
후덥지근한 사막의 바람을 만나게 됩니다
숨을 쉬지 못할 정도의
견디기 힘든 고통이 수반됩니다

광야에 나가 서면
끝없는 모래사막 뿐입니다
눈을 뜰 수 없을 정도의

모래가 눈을 가리우기도 합니다
광야는 참으로 힘든 여정입니다

그러나 사막에도 꽃은 피어나고
샘물이 솟아나와
많은 곤충들과 동물들을
모래사막 속에 살게 합니다

척박한 광야에도
하나님의 신비스러움은
숨을 쉬고 있습니다

광야를 지나는 순례자에게
주님은 말씀하십니다
"뜨겁든지 차든지 하라"

광야에서 우리는
여호수아와 같은
믿음의 결단을 배우게 됩니다.

광야는 제련소와 같습니다

나의 가는 길을 오직 그가 아시나니
그가 나를 단련하신 후에는
내가 정금 같이 나오리라 <욥 23:10>

거칠고 모난 돌이 쓰여지려면
정을 맞아야 합니다
순금은 그냥 만들어지는 것이 아니라
용광로에 들어가야만 합니다

광야에 들어가지 않고
용광로에 들어가지 않고
정금이 되려고 하는 것은 욕심입니다

내가 정금같이 나오리라 하는
욥의 고백은 그렇게 쉽게
내뱉어지는 말이 아닙니다

가진 재산 모두 잃고
열 자녀를 잃어본 사람만이
할 수 있는 믿음의 고백은
광야를 지나온 사람만이 할 수 있는 것입니다

광야에서 우리는
더러운 불순물을
더러운 찌꺼기를
성령의 불로
태워버리고 녹여내기 때문입니다

녹아지는 곳
버려지는 곳
정금으로 만들어지는 곳
바로 광야에 들어설 때입니다.

광야에 설 때 살아계신 하나님을 만납니다

"자꾸 이상한 말좀 하지 마세요.
 하나님을 광야에서만 만납니까?"

그런 말이 아닙니다
광야의 체험이 있어야
하나님이 하나님 되심을
더 깊이 알 수 있다
그 말을 하고 싶은 거에요

그저 아무 탈없이
신앙생활 잘하는 것도 복이지만
이 모양 저 모양
고난받는 사람과의 신앙태도가
다를 수 있다는 거
그거를 말하는 겁니다

예수님 말씀처럼

나중된 자가 먼저되고
먼저된 자가 나중 된다는
그 말을 하고 싶은 겁니다

하나님은 무소부재 하시니
어디서나 만날 수 있지요
하지만 절박한 광야에서 만난 하나님이
더 깊이 만날 수 있다는 거지요

고난당한 것이 내게 유익이라는
시편기자의 고백이
거저 있는게 아니란 거에요

광야의 구렁텅이에서
건짐 받은 사람만이
평생 감사한 마음으로
그분 위해 살아갈 수가 있다는 거지요

하나님은 광야에서 만나야
그분은 살아계시다는
뜨거운 고백이 나오는 겁니다.

광야에서 온유함을 배웁니다

이 사람 모세는 온유함이
지면의 모든 사람보다 승하더라 <민 12:3>

넉넉한 마음
넉넉한 이해
여유있는 너그러움은
거친 광야를 지나온 사람만이
가질 수 있는 일입니다

광야를 지나려면
수시로 불끈하는 마음들을
잘 다스려 주어야만 해요
광야를 지나는 동안
쓸모없던 내가
쓸모있는 나로 만들어지는거거든요

모세의 온유함이
지면의 모든 사람보다 뛰어나다 했는데
40년 광야생활이 있었기 때문이지요

그의 온유함은
다른 사람들을 품고 가는데 있었던거예요
다른 사람들의 죽음을 대신하여
자기의 이름이 생명책에서 지워지더라도
그들을 용서해 달라는 기도를 드렸지요

다른 이들을 품고 가는 것
다른 이들을 품어줄 수 있는 것
그들이 죽을죄를 지었어도
내 죄인냥
내 탓인냥
끌어안고 기도할 수 있는 것
그것이 진정한 온유입니다

온유함은
용서함은
사랑함은
누군가로부터
용서함을
사랑함을
받았을 때 할 수 있는 겁니다.

광야의 안전한 여행을 위해 전신갑주를 입어야 합니다

마귀의 궤계를 능히 대적하기 위하여
하나님의 전신갑주를 입으라 <엡 6:11>

광야 길에는
우리가 알지 못하는
수많은 위험과
복병들이 숨어 있습니다

우리가 알지 못하고 예상치 못하는
대적들이 사방 곳곳에서
우리를 기다리고 있습니다

길 한번 잘못 들거나
항상 깨어있지 못하면
언제 어디서 공격을 당할지 모릅니다

사단은 믿음의 사람들을
광야로 내몰아 온갖 회유와
겁박과 유혹으로 공격해 옵니다

이들을 대적하려면
하나님의 전신갑주를 입어야 합니다
진리로 허리띠를 띠고
믿음의 방패를 들고
구원의 투구를 쓰고
예리한 성령의 검을 가져야 합니다

악한 날 광야를 지나면서
사단을 대적하고
믿음 위에 굳게 서기 위함입니다

적들이 우글거리는
험악한 광야를 지나려면
전신갑주를 입어야 합니다.

광야를 지나며 참 사랑을 배웁니다

사랑은 오래참고
사랑은 온유하며
교만도 자랑도 아니하며…

광야를 지나며
참 사랑을 배웁니다
오래참음이 무엇인지
온유함이 무엇인지를…

한없이 낮아지고
나보다 남을 낫게 여기는 마음도
광야를 지나며 배웁니다

미숙아가 태어나면
잉큐베이터 안에서
성장하는 과정을 겪듯이
광야는 미숙한 나를

성숙하게 만들어 주는
잉큐베이터와도 같습니다

광야 없이
잉큐베이터 없이
혼자서 성장할 것이라고 착각하지 마십시오

모세도 40년 광야에서
온유한 사람이 되었고
사울도 3년 아라비아 광야에서
바울로 거듭났습니다

광야는 미숙한 나를
하나님의 자녀로 거듭나게 해주는
하나님의 사랑의 손길이 머무는
어머니 품속과도 같습니다.

아들은 징계를 받습니다

대저 여호와께서
그 사랑하시는 자를 징계하시기를
마치 아비가 그 기뻐하는 아들을
징계함 같이 하시느니라 <잠언 3:12>

광야 길을 가는 것은
아들에게 주어진 축복입니다
아들이 아닌 사생자들은
광야를 걷지 않아도 됩니다

하나님의 아들이라 여기는 여러분들은
시험당하는 것이나
광야길 걷는 것을 이상히 여기지 마십시오

하나님의 아들들로
온전히 서는 길은

광야의 신학을 배우고
광야에서의 훈련을 마친 이후입니다

훈련하는 것을
연단받는 것을
뜨거운 모래밭 걷는 것을
기쁨으로 감당하여 주십시오

연달된 후에는
하나님의 자녀로
하나님의 강한 군대로
거듭나기 때문입니다

온전한 하나님의 자녀로 성장하여
의의 평강한 열매를 맺으려면
광야의 길과
광야의 신학은
필히 이수하여야만 할 과정입니다.

광야는 연단의 장소입니다

도가니는 은을 연단하고
풀무는 금을 연단하거니와
여호와는 마음을 연단하시느니라 <잠 17:3>

모든 만물에는
그에 맞는 목적이 있습니다

도자기공은
질그릇과 도자기를 만들고
은세공은
금과 은을 만들어 냅니다

용광로의 온도에 따라
유리를 만들어 내기도 하고
철을 만들어 내기도 하고
은과 금을 만들어 내기도 합니다

하나님은 우리를
장식용으로 만들지 아니하시고
인격적인 대화의 상대로 만들어 주셨습니다

우리의 마음을
연단하시는 이유입니다
주를 주로 고백하는 마음안에
반석같은 교회를 세워주시고
성령이 거하시는 전을 만들어 주십니다

광야는 버려진 땅이 아니라
사람으로 사람답게
하나님 자녀로 자녀답게 만들어 주시는
하나님의 꿈과 사랑이 깃들인 복된 자리입니다.

항상 기뻐해야 하는 이유

항상 기뻐하라
쉬지말고 기도하라
범사에 감사하라 <살전 5:16-18>

광야길 가면서
굶주려 있으면서
아파하고 있으면서
손해만 보고 있으면서
기뻐할 수 없고
기도하기 힘들고
감사하기 어려운거지요

그럼에도 불구하고
힘들게 하고
아프게 하고
광야로 내모는 것은
그렇게 할 수 있도록 훈련시키는거랍니다

육체의 훈련도
약간의 유익이 있으나
경건은 모든 일에 유익하며
이 세상 뿐 아니라
저 세상에서의 영원한 생명까지
보장을 해주신답니다 <딤전 4:8>

그리고 그렇게 살아감이
그리스도 예수 안에서
우리에게 향하신 하나님 뜻이랍니다

광야는 하나님 자녀를
영원한 하나님의 자녀로
새롭게 거듭나게 하여 주는
필수적으로 가야만 하는
그리고 통과해야만 하는
생명이 보장된 길입니다

약속이 보장된 것을 안다면
기쁨으로 광야길 갈 수가 있는거지요.

하나님은 토기장이

아무리 좋은 상품이라도
향기롭고 맛있는 차를 끓이려면
차 하나 가지고는 안됩니다

차와 물
물의 양과 불
불의 세기와 시간
이 모든 것들이 조화를 이룰 때
비로소 맛있는 차가 만들어지는 것입니다

그럼에도 불구하고
마시는 사람이 성급한 마음으로
조급하게 마셔도 안됩니다
차의 진정한 맛을
느끼지 못하게 되거든요

신앙생활도 마찬가지입니다

영혼육의 적당한 밸런스가 필요한 거지요
어느 한쪽이 모자라거나
어느 한쪽으로 치우쳐도
제 맛이 아니 나는거지요

광야의 생활이 길어지는 데는
그만한 이유가 있더라구요
한쪽으로만 생각하지 마시고
혼적으로도
육적으로도
영적으로도 생각해 보시면서
하나님이 만들어가시는
회전반(回轉盤) 위에
여러분들 자신을 올려드리기만 하세요
그리고 기다리는 겁니다

그분이 알아서 쓰기 좋은
적당한 질그릇으로 만들어 주실 것입니다

토기장이 되시는 하나님의 손에
여러분들의 인생을
올려드리기만 하면 된다니까요.

마음의 근육 -1

노하기를 더디하는 자는 용사보다 낫고
자기의 마음을 다스리는 자는
성을 빼앗는 자보다 나으니라 <잠언 16:32>

"마음의 근육이 많이 생겼겠네요."
우연히 보게 된 어느 드라마의 대화 중 한마디이다

마음에 근육이 있다는 것은
그만큼 마음고생을 했다는 말도 된다
마음고생을 많이 했으니
어지간한 것은 견디며
살아갈 수 있는 내공이 쌓였다는 것이다

근육이 있다는 것은
건강하다는 증거이다
육체미 훈련을 통하여

팔과 다리 가슴팍에 근육이 생기면
몸이 건강해지고 보기 좋듯이

마음도 여러가지 삶의 역경을 통해
근육(굴곡)이 만들어질 수 있다
우리가 걸어가는 광야 길도
우리 인생의 근육을
만들어 주고 있는지 모른다

체계적인 훈련을 통하여
삶의 근육이 잘 다듬어진 사람은
건강한 인생길을 걸어갈 것이고
그렇지 못한 사람은
부실한 삶의 굴곡에서
괴로워하며 밤을 지새울 수도 있다

마음이 건강한 사람은
세상 풍파를 잘 이겨낸 사람이다
이해심도 많고 베풀어 줄줄도 안다

성경도 마음 다스림을
최고의 능력으로 인정한다
하나님도 마음을 보신다.

전염병, 내게로 돌아오라는 싸인

시대 시대마다
예기치 않고 생각지 않았던 전염병이 있었습니다
보통 재해 뒤에 뒤따라 왔습니다
깊숙이 숨겨져 있던 바이러스들이
재해가 발생하면 수면 위로 올라와
극심한 재난으로 다가왔습니다

또한 하나님을 향한
불순종과 항명 등이 있을 때
하나님은 전염병으로 치시곤 했습니다

광야 길에서도
다윗 왕의 치세하에서도
하나님은 전염병을 보내사
불순종의 백성들에게 고통을 주시며 깨닫게 하셨습니다

하나님은 광야 모래사막 속에

보배도 숨겨놓으셨지만
각종 재앙도 숨겨놓으셨습니다
믿음과 순종으로 걸어가면
보배를 주시지만
그렇지 않으면 재앙을 주십니다

지금 세계는 코로나라고 하는
전염병으로 인해 극심한 고통을 받고 있습니다
인재(人災)이든 천재(天災)이든
전염병은 우리들이 잘못 살아왔다는 증거입니다
청지기 사명을 다하지 못했거나
하나님 보시기에 악을 행했다는 말입니다

내가 아니면 가족이 죽고
가족이 아니면 친구가 죽고
친구가 아니면 이웃이 죽어가는
이러한 모습을 언제까지
바라만 보고 있을 수는 없습니다

광야 길에서도
기도와 번제로 하나님 앞에 나아갔듯이
일어나 회개하는 마음으로
나를 쳐 죽이고 복종시키는 믿음으로
하나님 앞에 나아가야 합니다.

바퀴를 접어야 높이 납니다

그러므로 너희가 그리스도와 함께
다시 살리심을 받았으면 위엣 것을 찾으라
거기는 그리스도께서 하나님 우편에 앉아 계시느니라
위엣 것을 생각하고 땅엣 것을 생각지 말라 <골 3:1-2>

병아리는 알에서 깨어 나와야 살고
나방이도 고치에서 깨어 나와야 삽니다

비행기가 높이
날아오르기 위해서는
바퀴를 접어야
높이 날아오를 수 있습니다

그리스도인은
땅에 살고 있지만
땅엣 것을 생각지 말고

위의 것을 생각하고
위의 것을 사모하며 살아가야 합니다

우리는 땅에 대하여 죽은 자이며
부활하신 예수님과
부활의 삶을 살고 있기 때문입니다

거듭나기 전에는
땅에서 살고 있지만
거듭난 그리스도인은
하늘의 삶을 살아야 합니다

우리로 광야에 살게 하심은
이 땅에 미련을 두지 말고
하늘에 소망을 두게 함입니다

땅에 붙어 있는 바퀴를 접어야
하늘 높이 날아오를 수 있듯이

광야길 걸어가는 자가
하늘의 삶을 살아갈 수 있습니다.

환난이 기다리는 광야길

하나님 나라에 들어가려면
많은 환난을 겪어야 할 것이라 <행 14:22>

어려움도 아픔도 없이
수고로움도 없이 평안히 살다가
하나님 나라에 들어가면 좋겠습니다

하지만 하나님의 뜻은
하나님 나라에 들어가려면
많은 고난을 받아야 한다는 것입니다

그래서 우리는 환난당하는 것을 무서워하면 안됩니다
광야길 가는 것을 주저하거나 거부해서도 안됩니다

오히려 기쁜 마음으로
광야길 갈 수 있음은

그 환난 가운데서도
하나님은 함께 하시기 때문입니다
천만인이 나를 둘러 진 칠지라도
두려워 말아야 될 이유입니다

지금은 비록
고난과 채찍이 있는
고난의 길이지만
나의 가는 길을 아시는 하나님께서
후에 나를 정금같이 나오도록 해주신답니다

"나의 도움이 어디서 올꼬
 천지 지으신 여호와에게서로다"

환난 중에 도움을 주신다고
천지만물 지으신 여호와 하나님께서
광야길 순례자에게 말씀하여 주십니다.

싸워서 이겨야 합니다

세례 요한의 때부터 지금까지
천국은 침노를 당하나니
침노하는 자는 빼앗느니라 <마 11:12>

싸움은 이겨야 합니다
경기를 해도 이겨야 합니다
그리스도인은
군사로 소집된 사람들이기 때문입니다

총사령관은 하나님 아버지
선봉대장은 예수 그리스도
참모는 성령님이십니다
이 세 분에게 훈련받으면 천하무적의 군인이 됩니다

천국도 애를 써야 들어간답니다
사랑의 수고를 해야 하고

용서하는 가슴앓이도 해야 하고
내 것을 동료들에게 나누어 주는
잃어버림도 배워야 합니다

때로는 죄와 씨름하고
악과 불의에 맞서는 용기와
사탄과도 싸울 수 있는
목숨을 버릴 줄도 알아야 합니다

야곱을 보세요
다 잃어버릴 각오로
줄줄이 에서에게로 보내면서
그는 잃으면 잃으리다 하고
최후의 마지노선 얍복강가에
배수진을 치고 천사와 씨름합니다

다 잃어버린 자만이
천사와의 씨름에서 이길 수 있고
죄와 악과 사단과의 싸움에서도
이길 수가 있는 것입니다

광야는 내 가진 모든 것을
미련없이 모래사막 속에 묻어버려야만
지나갈 수 있는 전쟁터입니다.

뿌리를 단단히 내려야

너희가 그리스도 예수를 주로 받았으니
그 안에서 행하되 그 안에 뿌리를 박으며
세움을 입어 교훈을 받은대로
믿음에 굳게 서서 감사함을 넘치게 하라 <골 2:6-7>

가뭄과 뜨거운 열기를
잘 견디려면 뿌리를 깊이 내려야 합니다

가뭄을 잘 견디고
거센 바람에도 쓰러지지 않는 것은
뿌리를 깊이 단단하게 내렸기 때문입니다

특히 광야 사막 길에서는
더더욱 뿌리가 튼실해야 합니다
신앙의 뿌리를 깊게 내리려면
말씀이 주는 교훈과

굳건한 믿음이 기초가 되어야 합니다

매사 하나님을 인정하는
감사의 마음이 깊이 자리해야 합니다
이것은 아주 기본입니다

또한 중요한 것은
어디에 뿌리를 내렸는가 하는 것입니다
반석위에 집을 지어야 하듯이
좋은 땅에 뿌리를 내려야 합니다

신앙의 연륜도
결코 무시할 수 없는 이유입니다
오랜 세월
추위와 눈보라를 맞은 나무가
기둥으로 쓰이는 것처럼 말입니다

광야는
믿음의 뿌리를
소망의 뿌리를
생명의 뿌리를 깊이 내리도록 하는
하나님의 소중한 밭이기도 합니다.

끝까지 견뎌야 합니다

또 너희가 내 이름으로 말미암아
모든 사람에게 미움을 받을 것이나
끝까지 견디는 자는 구원을 받으리라 <마가 13:13>

많은 분들이
언제까지 광야만 갈 것이냐고 묻습니다
가나안은 언제 들어갈 것이냐고 합니다

좌로 우로 보아도 희망이 없는 세상에서
가나안 입성은 큰 기다림과 사모함이 되겠지요
삶의 활력소가 되겠지요

하지만 기억하십시오
이 땅에 가나안은 없습니다
가나안이 성도에게 주는 교훈은
하나님 나라 입성입니다

새하늘 새땅이 오기까지
우리는 이 광야를 지나가야 합니다
가다가 미처 다 지나지 못해도
끝까지 발걸음을 옮겨야 합니다

우리의 육신 자체가
이 땅의 흙으로 만들어진 것이기에
이 육신이 썩어져야
우리의 영혼이 자유함을 얻어
가나안, 천국에 들어가는 것입니다

참을성있게
조급함을 버리고
여유로움을 취하는 삶이 필요합니다

우리가 환난 중에도 즐거워하나니
이는 환난은 인내를,
인내는 연단을, 연단은
소망을 이루는 줄 앎이로다.<롬 5:3-4>

분명히 기억하십시오
끝까지 견디는 자가 구원을 얻습니다.

광야길 가는 이유는
속사람을 새롭게 만드는 것입니다

그러므로 우리가 낙심하지 아니하노니
겉사람은 후패하나 우리의 속은 날로 새롭도다 <고후 4:16>

광야길 가는 사람은
시간안에 살아가는 사람은
낡아지고 후패하여집니다
사람뿐 아니라 모든 만물이 다 그러합니다

늙어가는 것을
피부가 쭈글거려지는 것을
몸을 마음대로 사용하지 못하고
정신적으로도 후퇴하는 것을
극복하지 못하는 사람들이 있습니다

처음 천지가 창조될 때부터
처음 시간이 만들어졌을 때부터

모든 만물은 마지막을 향해
온전한 작품을 완성하기 위해
달려가고 있는 것입니다

하나님을 믿는 우리들은
그 과정을 '나그네 길'이라 말합니다
나그네 길은 종착역이 있다는 것이며
그 과정 중에 우리는 여러가지
희노애락의 삶을 살아가게 됩니다

어떤 이들에게는
즐거움만 있을 수 있고
누군가에게는
어려움만 있을 수도 있습니다
그러나 그 모든 것
하나님 주신 것이기에
불평없이 광야길, 나그네 길을 걸어내야만 합니다

빨리 철드는 게 낫습니다
빨리 속사람이 만들어지는 것이
삶을 살아내는데 편안합니다
빨리 성화의 길을 걷는 사람이
행복한 삶을 살아가는 것입니다.

마음의 근육 -2

카이로프랙틱을 찾아가면
많이 듣는 말이
"근육이 뭉쳤네요"이다

마음의 근육
긍정적인 면에서 보면 좋은 것이지만
부정적인 요소로도 바라볼 수 있다

마음의 근육이 많은 것은
그만큼 마음이 꼬여 있다는 말도 된다
마음이 꼬장꼬장 꼬여서
매사를 트집 잡으며
부정적인 시각으로 보는 병든 마음들도 많다

이 역시 살아오면서
보고 듣고 배운 바를
믿고 긍정적으로 바라보기보다

부정적으로 바라보는 시각이다

사람의 마음은
생각 외로 전염성이 강하다
그래서 남의 말에 쉽게 귀 기울이고
마음을 쉬이 빼앗긴다

사기인줄 뻔히 알면서도
두 눈 뜨고 당해 버린다
그래서 더는 믿지 못하게 되고
마음의 근육은 내 쪽으로만
오그라지고 발달하게 된다
마음의 빗장을 꽁꽁 걸어잠그게 만든다

그래서 맛사지가 필요하다
우리가 걸어가는 광야 길은
항상 긴장하게 만들지만
하나님은 때때로
헝클어지고 뭉쳐진 근육을 어루만지사
평안한 잠을 자도록 해주신다

때때로 하나님은
불방망이로 우리를 치시기도 하고
성령의 불도가니 속에 집어넣고
온 마디와 근육을 풀어주시고
강퍅한 마음밭을 갈아엎기도 하신다
아프게 하시다가
낫게도 하시고

기쁨을 주시다가
슬프게도 하시는 하나님

사랑하는 자에게
잠을 주시는 좋으신 하나님
평안한 잠은
두어시간 맛사지 받은 것보다
백배의 효과가 있다

광야 길을 걸으면서도
평화로운 잠을 잘 수 있는 이유이다.

광야에서의 동행과 평안

광야에서 함께 감을 배웁니다

두 사람이 함께 누우면 따뜻하거니와
한 사람이면 어찌 따뜻하랴
한 사람이면 패하겠거니와
두 사람이면 능히 당하나니
삼겹 줄은 쉽게 끊어지지 아니하느니라 <전 4:11-12>

멀고도 먼
거칠고 험한 광야는
혼자 갈 수가 없습니다
혼자 가서도 안됩니다

멀리 가려면 함께 가라는
아프리카 속담이 있습니다
머나먼 나그네 길에
동행이 있으면 행복합니다
어려움을 나눌 수 있는
친구가 있으면 행복합니다

70년, 80년, 90년 가야 하는
머나먼 광야 길에
끌어주고 밀어주는
동행이 있으면 갈만 합니다

두 사람이 함께 누우면 따뜻하고
홀로 있어 넘어지면
일으켜 줄 자 없기 때문입니다

서로 잡아주고
서로 서빙하는
더불어 함께 가는 법을
광야에서는 배우게 됩니다

수고하고 무거운 짐진 자들아
다 내게로 오라 하시는
그분의 소리를
광야에 서면 들을 수 있습니다

예수님과 동행하는 시간은
광야를 걸어갈 때입니다.

광야에서는 가이드를 잘 만나야 합니다

여행지에서만
가이드가 필요한 것이 아닙니다
우리네 인생길에서도
좋은 가이드가 필요합니다

많은 사람들이
좋은 멘토
좋은 친구
좋은 배우자를
만나고 싶어하는 이유입니다

하물며 수십년을
거칠고 험한 내일 일을 알지 못하는
캄캄한 광야길 가면서
가이드가 필요하지 않을까요

예수님께서 말씀하십니다
"내게로 오는 자는
 내가 결코 잃어버리지 않겠노라"

그렇습니다
그분은 나의 가장 좋은
목자가 되어주시어서
메마른 광야에서도
푸른 초장으로 인도해 주실 것입니다

성령님은 또 어떠십니까
그분도 보혜사가 되어
우리 곁에서
우리를 보호하며 인도하여 주십니다

예수님을 만나면
가장 좋은 가이드이자 보혜사
성령님을 보내주시어서
우리들을 인도하여 주실 것입니다

광야에서는
가이드를 잘 만나야 합니다.

걸음을 인도하시는 하나님

여호와께서 사람의 걸음을 정하시고
그의 길을 기뻐하시나니... <시 37:23>

불평하지 마세요
여호와 하나님께서
우리의 걸음을 정하셨대요

원망하지 마세요
여호와 하나님께서
그 사람을 내게 보내셨대요

우쭐대지도
잘난척도 하지 마세요
여호와 하나님께서 높여주신거래요

고난의 길이든
평탄한 길이든

아픔의 길이든
행복한 길이든
광야의 한 가운데 서 있을지라도
그 모든 것 그분이 다 계획하신거래요

잘되어도 우쭐댈 것 없고
안되어도 낙심할 것 없고
높은 자리 있어도
낮은 자리 있어도
항상 감사한 것은
하나님이 그 걸음을 인도하시기 때문입니다

있어도
없어도
그분이 주신 것이기에
자족하는 마음으로 하나님을 찬양하면
우리네 삶에도 기쁨과 평안이 찾아온답니다

옆걸음질 하지 마세요
뒷걸음질 하지 마세요
앞만 보며 주님이 인도하시는 길을 걷는 자에게

하나님은
하늘문을 활짝 열어주신답니다.

광야 길에서도 쉼의 법을 배우십시오

수고하고 무거운 짐 진 자들아
다 내게로 오라
내가 너희를 쉬게 하리라 <마태 11:28>

멀고도 먼 광야길 가면서
너무 조급해 하지 마십시오
조급해 한다고 광야길
빨리 지나가는 것이 아닙니다
오히려 더 늦어질 수 있습니다

가끔은 무거운 어깨
무뎌진 발걸음을
쉬어주는 것도 좋습니다
두 발자욱 전진하기 위해
한 발자욱 뒤로도 가잖아요

쉼을 위해 사막의 광야에
오아시스를 두신 이유입니다

물 한 모금으로 목도 축이면서
그늘아래 낮잠도 즐기시는
여유로운 삶이 필요합니다

삶이 여유로워질 때
함께 가는 동행이 보이고
동행의 짐을 들어줄 수 있는
여유도 생기는 겁니다

쉼없이 달려온 우리네 인생
말씀의 그늘 아래
생수 한 모금으로 목을 축이면서
마지막 갈 길을 위해
한번 쉬어보시지 않겠습니까?

수고하고 무거운 짐진 자들아
다 내게로 오라는
그분의 말씀을 들을 시간은
바로 광야를 지날 때입니다.

하나님은 눈을 부릅뜨고 우리를 지켜주십니다

여호와께서
그를 황무지에서,
짐승이 부르짖는 광야에서
만나시고 호위하시며 보호하시며
자기의 눈동자 같이 지키셨도다 <신 32:10>

모래위의 발자국이란
시를 잘 알고 있지요?

언제나 우리와 함께 하신다는
약속의 말씀을 붙잡고 살아가는 한 성도가
어느 날 바닷가 거닐며
자신이 걸어온 발자국을 보니
형통할 때의 발자국에는
항상 둘의 발자국이었는데
힘들고 어려웠던 때의 발자국을 보니
한 사람 발자국 뿐이었습니다

그는 주님께 말합니다
"주님, 제가 가장 힘들어 했을 때
주님은 제 곁을 떠나가 계셨군요
보세요. 그 때의 발자국을…
한 사람 발자국 뿐이잖아요."

그 때, 주님은 말씀하십니다
"얘야, 그것은 네 발자국이 아니라
나의 발자국이란다
네가 힘들어 걷지 못할 때
내가 너를 업고 걸었느니라."

그렇습니다
하나님이 만나주시고
호위하시며 보호해 주실 때는
우리가 광야를 지날 때입니다

광야 걷는 것을
두려워 할 필요가 없는 이유입니다.

광야 길에서도 하나님의 사랑을 체험합니다

여호와는 네게 복을 주시고
너를 지키시기를 원하며
여호와는 그 얼굴로 네게 비취사
은혜 베푸시기를 원하며
여호와는 그 얼굴을 네게로 향하여 드사
평강주시기를 원하노라 <민 6:24-26>

삭막한 삶일지라도
캄캄하고 고독한 밤일지라도
기쁨이 사라지고
소망이 사라진 길일지라도
그곳에서 여호와의 얼굴을 봅니다

복을 주시고
은혜를 베푸시는
사랑 가득하고 자애로우신
하나님의 얼굴을 봅니다

비바람이 몰아치고
거센 폭풍우가 몰려와도
사나운 이리 떼가 울부짖어도
그분의 따스한 품안에서
편히 잠들 수 있음은
그분이 주시는 평강이
마음에 가득하기 때문입니다

나의 광야 길이
험난할지라도
고달플지라도
서러울지라도
평강을 누리며 갈 수 있음은

그분의 눈과 귀가
나를 향하여 있고
그분의 얼굴이
내게로 향하여 있기 때문입니다.

광야길, 누구와 동행하시나요?

지혜로운 자와 동행하면 지혜를 얻고
미련한 자와 사귀면 해를 받느니라 <잠언 13:20>

혼자서 광야길 간다는 것은
쉬운 일이 아닙니다
수많은 함정과
대적들이 우글거리는 길을
동행이 없으면
안내자가 없으면 곤란합니다

다행히 좋은 동행을 만나면
가는 길이 즐겁거니와
잘못된 동행이라도 만나면
아니 만난 것만 못합니다

어떤 동행을 찾고 계십니까

물질입니까
배움입니까
멋진 배우자입니까
든든한 배경입니까

언제고 변할 수 있는 것들을
찾지 마십시오
언제고 떠날 수 있는 것들을
구하지 마십시오

내가 맘에 안들어도
내게 힘이 없어도
내가 미련스러워도
버리지 아니하시고 끝날까지
동행하여 주시는,
지혜의 근본되시며
삶의 생사화복을 주관하시는
그분과 함께 가십시오

길 되시고
생명 되시고
진리 되시는 예수 그리스도,
그분을 여러분 광야 길에
모셔들이고 동행하십시오.

광야길 먼 것 같아도 그리 먼 길이 아닙니다

40년 광야 길
먼 것 같아도 먼 길이 아닙니다
나의 69년 광야길
마치 어저께 일만 같습니다

시편 기자의 말처럼
순식간에 지나온 것만 같습니다

그 짧은 시간의 광야길
즐거운 마음으로 가야 하지 않겠어요?

천상병 시인은 '귀천'이란 시에서
'나 하늘로 돌아가리라.
아름다운 이 세상 소풍 끝나는 날,
가서, 아름다웠노라고 말하리라.'고 했습니다

하지만 그의 삶은
동백림사건에 연루되어
숱한 고문을 받고

성기능 불구자가 되고
정신병원에서 오랜 시간을 보냅니다
그에게 있어 아름다운 날은 많지 않았습니다

그러나, 그는
'우주에서 가장 강력한
 하나님을 굳게 믿으니
 무슨 불행이 있겠는가.'라며
'행복'이란 시에서
'세계에서 제일 행복한 사나이'라고 말합니다

멀고도 험악한 광야 길이라도
하나님과 함께 하면
소풍나온 것처럼
행복한 시간을 보내다 돌아갈 수 있는 겁니다.

광야 길에서도 찬송을 주시는 하나님

내 영혼아
네가 어찌하여 낙망하며
어찌하여 내 속에서 불안하여 하는고
너는 하나님을 바라라
나는 내 얼굴을 도우시는
내 하나님을 오히려 찬송하리로다 <시 43:5>

하나님은 우리에게
낙망해야 할 이유를
불안하여 할 이유를 주신 적 없습니다

오직 기뻐하며 감사하며
평안을 누리며 살아가도록
하나님만을 찬송하며 살아가도록
만들어 주셨습니다

포기하고
염려하고
두려움에 떠는 것은
우리의 몫이 아니라
마귀 사단이 가져야 할 몫입니다

우리가 하나님을 바라보면
우리가 하나님을 찬송하면
하나님은 우리에게
영원한 평강을 허락하여 주십니다

광야길,
낙망하는 일 많고
불안에 떠는 일 많으나
하나님은 우리로
기뻐하며 감사하며
평강 가운데 지나도록 인도하여 주십니다.

광야길, 행복입니다

내가 오늘날 네게 명한 이 명령은
네게 어려운 것도 아니요 먼 것도 아니라 <신 30:11>

사랑하는 사람을 위한 수고는
하나도 힘들지 아니합니다
힘들다 생각지도 아니합니다
오히려 더 기쁨이요 행복이라 생각합니다

광야길 가는 동안
힘든 일이 많아도
눈물흘리는 아픔이 있어도
기쁨으로 이 길을 가는 것은
나를 사랑하여 주신 주님을
나도 사랑하기 때문입니다

그분이 나에게 부탁하신
사명은 무거움이 아니라
사랑의 보답일 뿐입니다

무거움은 이미 그분이 져주셨기에
가벼운 발걸음으로 광야를 걸어갑니다
넘어져도 다시 일어서고
곁길로 가다가도 다시 돌아설 수 있음은
주님께서 사랑의 울타리로
품어 주시기 때문입니다

아픔을 주시다가도 낫게 해주시고
고난을 주시다가도
승리를 맛보게 하시는
합력하여 선을 이루어 주시는
하나님이 계시기에
이 길은 그저 기쁨의 길입니다

광야길, 행복일 뿐입니다.

시기하지 마세요 뼈가 썩는데요

평온한 마음은 육신의 생명이나
시기는 뼈를 썩게 하느니라 <잠 14:30>

다같이 고생하며 가는 광야 길에도
시기하며 질투하는 사람들이 있어요

다같은 목적을 가지고
한마음 한뜻으로 가면 좋을텐데
시기하거나 질투하는 부류들이 있더라니까요

다같이 수고하며 가는 길인데
어떤 사람은 열심히 성심껏
어떤 사람은 대충 요령껏
수고하며 가는 것을 봅니다

그 정도면 좀 낫지요
열심히 하는 사람들을
시기하고 비아냥대니 더 문제이지요

악인들의 형통함을 질투하지 말며
저들의 장수함을 시기하지 마십시오<시 37:1>
저들도 저들의 날에 그에 대한
보응을 받게 될 것입니다
오히려 고난 중에 기도하며
찬송하는 법을 배우십시오

육신의 건강도
평온한 마음에서 나오는 겁니다
아내가 15년째
너싱홈(요양원)에서 견디고 있는 것은
그의 마음에 평안이 있기 때문입니다

마음을 다스리는 자는
성을 빼앗는 용사보다 나음이니
생명의 근원이 마음에 있기 때문입니다

시기하지 마세요
시기는 남도 괴롭히지만
자신을 죽이는 것입니다.

자족하는 법을 배우십시오

내가 궁핍하므로 말하는 것이 아니라
어떠한 형편에든지 나는 자족하기를 배웠노니 <빌 4:11>

고달픈 여정
멀고먼 여정
그 광야길 가려면
자족하는 법을 배워야 합니다

TV 프로그램을 보면
서바이벌 프로그램이 있더군요
어떤 이는 스스로 들로 산으로 나가
홀로 살아가는 법을 배우기도 하지요

없다고 해서
누가 도와주는 것도 아닙니다
오히려 무능하다고 합니다
없고 싶어서 없는 게 아닌데 말입니다
그러니 더더욱 자족함이 필요한 겁니다

세상엔 자급자족하며
사는 사람들보다
그렇지 못한 사람들이 더 많습니다
그래서 성경말씀도
가난한 이들을 도와주라는 거지요

이 땅에서의 삶은
자족하며 살 수 있을지 몰라도
영적으로 만족을 얻는 데에는
예수님만이 답이라 말합니다

"내게 능력 주시는 자 안에서
내가 모든 것을 할 수 있느니라" <빌 4:13>

광야를 지나며 만족함이 없지만
예수님과 함께라면 충분하다는 것입니다

우리가 믿는 하나님은
필요한 것을 공급하여 주시는
'여호와 이레'의 하나님이시기 때문입니다.

아버지가 다 보고 계십니다

나다나엘이 가로되
어떻게 나를 아시나이까
예수께서 대답하여 가라사대
빌립이 너를 부르기 전에
네가 무화과나무 아래 있을 때에 보았노라 <요 1:48>

광야길 걸어가시느라 힘이 드시지요
다리도 아프고
허리도 시원찮고
게다가 먹고 자는 것도 형편없구요

애굽으로 돌아가고 싶을 때가
한두번도 아니고
꿈에서도 그곳이 그리울거예요

그래도 잘 참아 왔어요
잘 견디어 왔어요
조금만 더 참아봐요

가나안이 멀지 않아요

무엇보다 힘이 나는 것은
아버지 하나님이
다 보고 계신다는거예요
다 듣고 계시고
다 알고 계신다는거예요

우리의 신음소리도 듣고 계시고
우리의 걸음까지도
우리의 머리터럭 한 올까지도
다 세고 계신대요

당신의 힘들어 함도
당신의 아픔도
당신의 외로움도
당신이 흘리는 눈물도 다 보고 계신답니다

조금만 더 힘을 내시고
앞만 보고 달려가셔요
경주하는 자는
앞의 골인점만 보고 달려가는 거랍니다.

일어나서 함께 가자

나의 사랑하는 자가
내게 말하여 이르기를
나의 사랑, 나의 어여쁜 자야 일어나서 함께 가자 <아가서 2:10>

일어나서 함께 가자고
그분이 부르십니다

겨울도 지나고
초목마다 푸르른 옷 입고
어여쁜 꽃들이 피어나고
새들이 노래하는 아침
함께 사랑의 노래를 부르자고
함께 봄나들이 가자고 하십니다

일어나서 함께
사랑의 노래 부르며
이 밤을 지새우자고 하십니다

기름도 준비하고
등불도 환하게 밝히우고
이 밤이 지나도록
신랑되신 예수님과
사랑의 입맞춤으로 춤을 춥시다

일어나서 함께 가자고
그분이 손을 내미십니다
지쳐 쓰러져 있고
갈 길 몰라 방황하는 나에게
전능하신 손 내밀며 일어나라고 하십니다

포기하지 말라
낙담하지 말라며
천지 지으신 손을 내미사
나를 일으켜 세우십니다

이 봄이 지나기 전
들의 꽃보다 더 향기로운
샤론의 꽃으로
신랑되어 오시는 광야 길을
환하게 수놓을 수 있도록
일어나 그 손을 잡으십시다.

광야 길에서 주의 긍휼을 보게 하소서

로루하마,
더는 내 백성을 긍휼히 여기지 아니하리라

로암미,
더는 내가 네 하나님이 되지 아니하리라

이 시대를 향한
하나님의 마음을 보는 듯 합니다
그 어디에서도 하나님의 사랑과
긍휼하심을 볼 수가 없습니다
사람들도 더는 하나님을 찾지도 아니하고
그 마음에 하나님 두기를 싫어합니다

이 땅에 사람의 몸으로 오셨던
하나님의 사랑은 어디로 갔으며
십자가 상에서 죽으셨던
그 긍휼하심은 어디로 사라졌습니까

주님,
주님의 긍휼하심이 없으면
저희들은 이 광야를
온전히 지날 수가 없습니다

니느웨 백성들을 불쌍히 여기셨던
그 긍휼하심으로 다시한번
이 땅을 살펴주시옵소서

천지만물 가운데 역사하시는
성령님의 운행하심이
이 땅을 돌아보게 하시옵소서

광야를 지나는 동안
지치고 힘들어 허덕이는
당신의 백성들에게
하늘의 위로와
은혜의 옷자락으로 입혀 주시옵소서

만유의 주되신
예수 그리스도의 이름으로 기도드립니다. 아멘.

봄의 비밀 / 차문환

얼마나 많은 꿈을 안고 있을까
얼마나 많은 비밀을 안고 있을까
봄은…

앙상한 가지에 푸른 옷 입혀지고
황량했던 벌판에
초록빛 물들을 때면

가지 가지마다 새들의 노래소리
둥지 안에는 사랑이 영그는 소리
크고 작은 알들이 깨어나는 소리

새생명 태어나고
입가에 먹이 담은
어미새의 바쁜 날개짓에
하루 해가 짧기만 하다

아, 봄은
얼마나 많은
신비를 품고 있을까.

광야에서 얻는 축복과 승리

광야는 축복이다

아브라함이 그랬고
이삭과 야곱이 그러했으며
이스라엘 백성들이 그랬고
다윗도 그랬으며
세례 요한이 그랬고
예수님도 그러했으며
사도 바울이 그랬다

그들에게 광야는
버려진 쓸모없는 땅이 아니라
하나님을 만나
하나님과 동행하며
하나님으로부터
수업을 받은 시간이었다

하나님을 깊이 만나고
하나님을 깊이 체험하는 신학은
선지학교가 아니라
메마른 땅 광야에서이다

광야의 고된 훈련을
잘 견디고 이겨낸 사람들이
복음의 길을 닦는
선구자의, 선지자적인
사명을 감당해 나갈 수 있다

광야의 신학은
하나님으로부터
버림받은 것이 아니라
선택된 자들에게 주어지는 은총의 자리이다

광야는 축복이다.

신학의 즐거움이 광야에 있다

그를 이끌고 밖으로 나가 이르시되
하늘을 우러러 뭇별을 셀 수 있나 보라
또 그에게 이르시되 네 자손이 이와 같으리라 <창 15:5>

광야에 서면
밤하늘의 별이
더 선명하게 보입니다

캄캄한 밤에는
다른 것이 보이지 않기 때문입니다

광야의 밤하늘에 서면
하나님의 약속이
더욱 선명하게 보입니다

광야의 밤하늘에 서면
하나님의 약속을
더 굳건하게 잡을 수 있습니다

아브라함이 그랬고
동방박사들이 그랬습니다
아브라함이 하나님을 만났고
동방박사들이 예수님을 만났습니다

광야에서는
하나님만 보입니다
광야 신학의 즐거움이
바로 거기에 있습니다.

빈들에서 산상보훈을 듣는다

예수께서 무리를 보시고
산에 올라가 앉으시니
제자들이 그에게 나아왔다
예수께서 입을 열어서 그들을 가르치셨다 <마 5:1-2, 새번역>

가난한 사람은
마음이 깨끗한 사람은
빈들에 오르기를 좋아합니다

약대 털옷을 입고
석청을 먹으며
아침이슬로 마른 입술을 적시는
빈들에서 가난해짐을 배웁니다

주께서 손수 기르시고
거두어 주시는 백합들과
새들의 노래소리를 들으며
하나님의 보호하심과 인도하심을

빈들에서 바라봅니다

허허벌판
칼바람 불어오는
그 빈들을 좋아라 합니다
자신을 쳐 복종시킬 수 있는
거룩한 말씀이
빈들의 골짜기에 가득하기 때문입니다

그 언덕으로부터
그리스도의 마음을 배우고
버림과 죽어짐의 철학을
나의 무거운 죄짐을
십자가에 못박아
골고다 언덕에 세우는
그 빈들을 좋아라 합니다.

광야에 설 때 하나님 형상이 돋보입니다

하나님의 형상을 따라
참 의로움과 참 거룩함으로 지으심을 받은
새 사람을 입으십시오 <에베소서 4:24>

앞태가 아름다운 사람이 있고
뒷태가 아름다운 사람이 있습니다

앞태보다
뒷태보다
속태가 더
아름다운 사람이 되십시오

겉사람은 후패하지만
속사람은 날로 새롭기 때문입니다

앞태보다
뒷태보다
속태보다

영태가 더
아름다운 사람이 되십시오

사람은
하나님의 형상으로
만들어졌기 때문입니다

하나님 형상을 잃어버리면
짐승만도 못하게 됩니다
이사야 선지자가
소와 나귀만도 못하다고 탄식한 이유입니다

광야의 신학은
다듬고 갈아주면서
하나님의 형상을 회복시켜 줍니다

광야에 설 때
하나님의 형상이 돋보이는 이유입니다.

모래 속에 감추어진 비밀

그들이 열국 백성을 불러 산에 이르게 하고
거기서 의로운 제사를 드릴 것이며
바다의 풍부한 것,
모래에 감추인 보배를 얻으리로다 <신 33:19>

광야 길이라고 해서
모래사막 길이라 해서
삭막한 것만은 아닙니다

모래사막에서 살아가는
짐승들도 많이 있습니다
우리가 볼 때에
먹을 것 하나 없는 것 같지만
무엇인가를 먹으며
생존해 나가고 있습니다

고난을 받는다고 하여서
징계를 받는다고 하여서
무조건 나쁜 것만은 아닙니다
하나님이 주시는 징계는
하나님이 허락하신 고난에는
그분의 비밀이 숨겨져 있습니다

그래서 고난이 오면
왜 나에게 고난이 오는가 묻지 말고
무엇을 주시려고 고난을 주시는가를
물어보라 했습니다

그것은 그 산에서
의로운 제사를 드리게 하는 것이며
그 삭막한 모래사막 속에
숨겨진 보배를 주시기 위함입니다

광야를 지나가며
얻는 보배야말로 보배 중의 보배입니다.

광야신학의 위대함은 하나님 만나는 것

승냥이 떼가 우글거리고
밤이면 이리들의 울부짖음과
내 안에 밀려오는 고독과의
처절한 싸움이 시작되는 곳 광야…

그곳에서 목이 메이는 기도소리가
온 들판을 가득 채우는
찬양의 소리로 변하고

밤을 낮처럼 새우며
자신과의 싸움이 더 치열한 곳
때로는 목숨을 버리고픈 마음이
더욱 강하게 목줄을 쪼여올 때

여호와 하나님을 찾는 나의 영혼은
밤새 사막과 광야를 헤매고 다녔다

사망의 음침한 골짜기도 두렵지 않고
승냥이들의 울부짖음도

때로 곰과 사자들을 만날지라도
주의 지팡이와 막대기가
나를 보호해 주시는 은총으로
하루하루를 살아가는 곳

그 광야에서
나는 오늘도
살아계신 하나님을 만난다.

우리가 광야에 서면 하나님은 바빠지십니다

가난한 마음으로
빈들에 설 때
오병이어의 기적을 봅니다

마리아처럼
삶의 일손을 내려놓고
영생의 말씀을 들을 때
생명되는 생수를 마시게 됩니다

우리들이 광야로 들어서면
하나님은 분주해 지십니다

만나를 내려주시랴
메추라기를 보내주시랴
반석으로부터 생수를 내시랴
하나님은 눈코뜰새없이 바빠지십니다

모래 늪에 빠질까
바람에 날아갈까

더위로 지칠까
추위에 얼어죽을까
하나님 나라에 비상이 걸립니다

아버지는 지금도 일하신다는
예수님 말씀을 기억합니다

무엇을 먹을까
무엇을 마실까
무엇을 입을까
염려하지 말라는
주님의 말씀 앞에서
주님만을 의지하고 신뢰하는
겸손함을 배우게 됩니다

예수 그리스도,
그분만이 선한 목자요
'엘샤다이' 하나님이라는 고백을 하게 됩니다.

목적이 있는 광야길

내가 네게 명한 것이 아니냐
마음을 강하게 하고 담대히 하라
두려워 말며 놀라지 말라
네가 어디로 가든지 네 하나님 여호와가
너와 함께 하니라 하시니라 <수 1:9>

하나님께서 우리 인생들에게
광야길 주심은
우리가 죄인이라서 또는
무언가 잘못을 해서 벌을 주심이 아닙니다

아주 연관이 없는 것은 아니지만
광야를 허락하시는 하나님의 뜻은
더 깊고 오묘하기까지 합니다

누구를 막론하고
광야 길을 좋아하지 않습니다
그럼에도 불구하고

인생들을 광야로 내모는 까닭은
하나님의 지극히 크신 사랑과
계획(섭리)이 있기 때문입니다

우리들의 최종적인 값(목표)이
정해져 있다는 말입니다
지금은 광야길 가느라
먼지투성이에 울퉁불퉁 모난 것뿐이지만
언젠가는 정금이 되어 나온다는 것입니다

광야를 시험하는 장소로만 알면
원망과 불평이 터져 나오지만
하나님의 자녀로 만드시기 위한
준비와 연단의 과정으로 안다면
용기백배, 기쁜 마음으로 광야길 가는 것입니다

광야길 저 편에 예비되어진
'약속의 땅'을 바라보며
오늘도 내일도 모레도
묵묵히 갈 길을 가는 것입니다.

와아~! 저는 정말 수지맞았어요

이 율법책을 네 입에서 떠나지 말게 하며
주야로 그것을 묵상하여
그 가운데 기록한대로 다 지켜 행하라
그리하면 네 길이 평탄하게 될 것이라 네가 형통하리라 <여호수아 1:8>

광야 길이 평탄하지 않다구요?
좁기도 하고 울퉁불퉁하고
가시밭의 돌짝길 같아서 가기가 힘들다구요?

아무리 힘들어도
이 말씀을 한번 보세요
아주 평탄한 길이 있대요
이리도 평탄한 길을 두고
왜 그리 험한 길을 걸어 왔었던지…

하나님 말씀을 주야로 묵상하고
그 말씀을 잘 지켜 행하면서
좌로나 우로 치우치지 아니하면

가는 길을 평탄하게 해주신대요

때로 원수가 사방에서 에워싸고
우는 사자 같이 덤벼들어도
내가 의지하고 따르는
그분이 함께 해주셔서
대적할 자가 없게 해주신대요

걸어가지 못하는 상황이 되어도
그분이 업고도 가 주신대요
모든 질병도 다 막아주신대요

와아~!
저는 정말 수지맞았어요
그런 분이 나의 하나님이 되어 주시고
나의 가는 광야 길에 함께 해주셔서
평탄하고 형통하도록 해주신대요

아마도 나는
나의 남은 광야 길을
순탄하게 갈 것만 같아요.

오메! 대박이야 대박!

이럴수가?
이게 지금 꿈이여 생시여?
광야 길에서
박이 넝쿨째 들어오다니…

여호수아 1장에서
평탄하게 해주시겠다는
수지를 맞았었는데
2장에 가자마자

오메!
이런 복을 받을 줄이야!
대박이야 대박!

왔다메!
여리고성에서 최고의 미녀
기생 라합을 만나부렀지 뭐여
꿈일까 생시일까 어리둥절…
꿈이면 제발 깨지나 말아다오

헉!?
설마 내 이름이 살몬이라서
날 잡아먹을라꼬
지붕에 숨겨둔건 아니것제?

좌우당간 우찌 저리도 이쁘다냐?
잡아 먹혀도 좋쿠마잉…!
그래서 내사 낼롬
붉은 허리띠 줄을 주면서
사랑 고백을 해부렀쩨

오메!
그녀도 나의 남자다움에 반했는지
얼렁 받아서 창문에 내걸고 공포를 하더구만

"이 남자는 내꺼여~!"

허참…
이거 앞으로 가는 광야길
재미가 쏠쏠하것어.

보리밭에 피어난 사랑

광야 길마다
메마름뿐인 줄 알았습니다
광야 길마다
눈물뿐인 줄 알았습니다
밤이면 밤마다
외로움뿐인 줄 알았습니다

구원받은 감격과
하나님 자녀된 은혜에
감사와 찬양은 넘쳐났지만

평생을 낯선 땅에서
과부로 살아야 한다는 것은
커다란 걸림돌이었습니다

보리밭에서의 이삭줍기는
수치와 모멸감 뿐이었지만
사랑이 피어오르는 아지랑이 되어
행복의 노래

하늘높이 날아올랐습니다

후덕하면서도 인자한 보아스
사랑이 가득한 님의 손길은
광야의 삶에 힘이 되었고
행복의 나날이 되었습니다

슬픔을 변하여 웃음을 주시고
불행을 변하여 기쁨을 주시는
하나님의 손길이
광야 길에서도 역사하시니

위대한 다윗을 보게 하시고
실로의 반열에 세워주사
인류의 구세주
예수 그리스도를 만나게 하셨습니다

보아스는 광야 길에서 만난
천사요, 구원자이시며
광야에 길을 내시며
사막에 강을 내시는
전능하신 하나님이셨습니다.

네 시작은 미약하였으나
네 나중은 심히 창대하리라

창대함의 시작은
광야에서부터입니다
모든 것 다 버리고
모든 것 다 잃어버리고
광야에서 헤메일 때부터입니다

얄팍한 경험
알량한 지식
자랑하던 건강
가졌던 재물마저 다 내버리고
전능하신 하나님 아버지 앞에 설 때부터입니다

우스 땅 욥과 같이
모든 것을 다 잃어버리고
기왓장으로 온 몸의 가려움을 긁어대며
하늘을 향해 태어난 밤을 저주할 때입니다

자그마한 노력으로
자그마한 자랑거리로

과거의 어떠함으로 오늘을 살려하지 마십시오

누군가가 날 모함하여도
누군가가 날 이해하지 못해도
누군가가 날 알아주지 않아도
전능하신 하나님의 손에
당신의 인생을 맡기울 때
하나님은 그곳에서부터 오늘을 열어 가십니다

욥의 열 자녀가
욥이 가졌던 재산이
그를 창대하게 하지 못했습니다
하나님을 만나보게 하지 못했습니다

광야의 흑암
구렁텅이 속에 빠져서야
욥은 귀로만 듣던 하나님을 눈으로 보게 되었습니다

창대함의 시작은
눈으로 귀로 온 몸으로
하나님을 만나는 것입니다

하나님을 만나게 하는 광야
그래서 광야를 사랑합니다
그래서 광야는 위대합니다.

당신은 행복자입니다

이스라엘이여 너는 행복자로다 <신 33:29>

광야길 걸어간다고 해서
다 불행한 것은 아닙니다
어둔 골짜기만 걸어간다고 해서
다 망한 것은 아닙니다

건강하다고 해서
많이 안다고 해서
많이 가졌다고 해서
하는 일마다 잘된다고 해서
다 행복한 것은 아닙니다

지난해 돌아가신 어떤 분은
많이 가진 것 때문에
근심이 끊이질 않았습니다
침대 아래 숨겨둔 돈 때문에
어디 한번 맘대로 여행도 못했습니다

돈을 쌓아놓고 바라보기만 했지
맛있는 것 한번 해먹지 않았습니다

공부는 왜 하시는건가요?
돈은 왜 버시는건가요?
많이 가지려고만 한다면
그것은 잘못된 아주 불쌍한 삶일 뿐입니다

하나님의 나라는 먹고 마시는 것이 아니라
성령 안에서 의와 평강과 희락이라 했습니다

행복의 조건은
하나님 나라에서의 삶은
잘 먹고 잘 살고 하는 그것이 아니라는 것입니다

세상에서 멋있게 살아왔다고
해볼만한 것 다 했다고
가질만한 것 다 가졌다고 해서
하늘나라 가는 것이 아닙니다

오늘, 기쁜 마음으로
광야를 걸어갈 수 있음은
행복이 보장된
하나님의 약속을 믿기 때문입니다.

사막에도 꽃을 피우시는 하나님

광야와 메마른 땅이 기뻐하며
사막이 백합화 같이 피어 즐거워하며
무성하게 피어 기쁜 노래로 즐거워하며 <사 35:1-2>

"나는 사막을 걷는다 해도
꽃길이라 생각할 겁니다"

노사연 씨의
'바램'에 나오는 노랫말입니다
이 노래야말로 광야의 신학입니다

그렇습니다
사막을 걸어가도
가시덤불 속을 걸어가도
풀무불 속을 걸어가도
그 어떤 길을 걸어갈지라도
아버지 하나님께서 안아주시며
사랑한다고 말씀하여 주시니

어디인들 꽃길 아닌 곳이 있겠습니까
어느 때인들 행복하지 않겠습니까

그분이 길을 내어 주시고
그분이 붙들어 인도하여 주시고
그분이 생수로 먹여 주시며
목자가 되어 주시는데 무엇이 부족하겠습니까

때때로 목마름을 주시며
때때로 가시밭길 가게 하시며
때때로 곤고함을 주심은
그때마다 하나님 바라보게 하심입니다
더더욱 아버지를 의지하게 하심입니다

하나님 아버지께서도
당신의 자녀들이 순간순간마다
아버지의 이름을 부르며
아버지의 품에 안기어
아버지를 의지하는 자에게
꽃을 피워 주시는 것입니다.

소소함에서 얻는 행복이 진짜 행복입니다

까마귀를 생각하라
심지도 아니하고 거두지도 아니하며
골방도 없고 창고도 없으되
하나님이 기르시나니
너희는 새보다 얼마나 더 귀하냐 <눅 12:24>

광야길 간다고
언제나 불행만 있는 것은 아닙니다
불행 가운데서도
행복을 찾으면 얼마든지 있습니다

파랑새만 찾으려고 하지 마세요
자그마한 참새 한마리 보면서도
행복을 느껴 보세요

예수님께서도
참새에 대해 교훈을 주셨잖아요
하나님의 기르심을 받는 새들은

그래서 행복한 노래를 부르는 것입니다

무엇이든지
어디서든지
하나님의 다스림을 받을 때
행복은 차고도 넘친답니다

어떤 사람은 저를 보면서
건강하게 두 발로 걸을 수 있어서
좋겠다고 부러워합니다

무엇을 많이 가졌고
아니 가졌고가 부러운 것이 아니라
건강한 몸 하나만으로도 행복하다는 것입니다
일상의 소소함에서 얻어지는 행복이
진짜 행복이란 사실을 아셔야 합니다

작은 별빛을 보고
행복해 하며 감사하는 자에게
하나님은 의의 태양빛으로 다가와 주십니다

광야에 있을 때
태양이 더 가까운 법입니다.

더위도 추위도 하나님이 주십니다

눈을 양털 같이 내리시며
서리를 재 같이 흩으시며
우박을 떡 부스러기 같이 뿌리시나니
누가 능히 그 추위를 감당하리요
그 말씀을 보내사 그것들을 녹이시고
바람을 불게 하신즉 물이 흐르는도다 <시 147:16-18>

하늘에서 나리는 양털같은 눈을 보면
참으로 아름다운 감동입니다
서리발이 들에 산에 나리면
콩도 사과도 더 맛있어집니다

칼바람으로 겨울을 가르며
하늘 위 궁창에 우박을 두시고
번쩍이는 번개와 천둥이
하늘을 가로지르면
그 놀라운 권능과 위엄 앞에
온 세계는 깜짝 놀랍니다

봄 여름 가을 겨울
일년 사계절이 만들어질 때
인생은 우주 만물을 다스리시는
전능하신 하나님에게 경의를 표합니다

뙤약빛 뜨거운 여름도
시베리아 벌판을 걸으며
시린 손발 호호 부는 것도
모두 하나님이 주신 선물입니다

사막 모래 벌판에도
길을 내고 강을 내시어
짐승들에게 마실 물을 주시고
사막에도 꽃과 열매를 피우시는 하나님

광야 길에도 꽃은 피어나고
오아시스를 두시고
새들의 노래소리를 즐겨 들으시는

오! 전능하신 하나님
아름다운 그 이름이여!

서리(降霜) / 차문환

서리를 이겨낸 꽃이
더 아름답고
서리를 맞은 사과가
더 맛있는거야

살아가면서
된서리를 맞았다고
너무 아파하지마

너를 더 아름답게
더 사람다웁게
만들어 주시기 위한
하나님의 사랑일 뿐이라구.

허참...
정말이라니까!?

광야를 살아가는 성도의 삶

광대하신 하나님

에스라가 광대하신 하나님 여호와를 송축하매
모든 백성이 손을 들고
아멘 아멘 응답하고 몸을 굽혀
얼굴을 땅에 대고 여호와께 경배하였느니라 <느헤미야 8:6>

현대는 망원경이 발달되어
더 많은, 더 멀리 있는 별들을 관측하고 있습니다

우리 은하계에
1천억개의 별이 있다고 하지만
지금은 4천억개까지 말하고 있습니다
그러한 은하계 역시도
1천억개에서 수천억개가 더 있다고 말합니다

그와같이 하나님은 위대하신 분이요
광대하시고 전능하신 분입니다
쪼잔하신 분이 아닙니다
우리를 위해 아들까지도 내어주시는 분이십니다

"아, 주 하나님, 보십시오,
크신 권능과 펴신 팔로 하늘과 땅을 지으신 분이
바로 주님이시니, 주님께서는
무슨 일이든지 못하시는 일이 없으십니다
주님께서는,
은혜는 수천 대에 이르기까지 베풀어 주시지만,
조상의 죄는 반드시 자손이 치르게 하시는 분이시며,
위대하시고 전능하신 하나님이시요,
만군의 주님으로 이름을 떨치시는 분이십니다."
<렘 32:17-18 새번역>

광야 길에서
불만 불평만 늘어놓지 마시고
밤하늘을 한번 바라보시며
수천억 별 사이를 왕래하시며
우주와 만물을 다스리시는
위대하시고 광대하신 분을 만나보셨으면 좋겠습니다

그 멀고도 먼
별 사이를 건너
이 땅에 아기 예수로 오신
전능하신 예수님을 만나보셨으면 정말 좋겠습니다.

쟁기를 잡고 뒤돌아보지 마세요

예수께서 이르시되
손에 쟁기를 잡고 뒤를 돌아보는 자는
하나님의 나라에 합당하지 아니하니라 <누가복음 9:62>

가는 길이 힘들다고
뒤돌아서지 마세요
가는 길이 험하다고
돌아가려하지 마세요
가는 길이 멀다고
지름길로 가려하지 마세요

경기장에 들어섰으면
법대로 경주해야 합니다
물러나서도 안되고
돌아가도 안되고
지름길로 가도 안됩니다

쟁기를 잡았으면
뒤돌아보지 말고
앞만 보고 꿋꿋하게
나아갈 줄 알아야 합니다
십자가를 지셨으면
끝까지 지고가야 합니다

포기하지 않는 자에게
감당하고자 하는 자에게
하나님은
감당할만한 힘도 주시고
때로 피할 길도 열어주시는 겁니다

누구나 가야만 하는 광야 길은
피한다고
아니간다고
돌아간다고
질러간다고
합격하는 것이 아닙니다

넘어지고 쓰러지더라도
가고자 하는 자에게
하나님은 힘을 더하여 주십니다.

형님 먼저 아우 먼저

아무 일에든지 다툼이나 허영으로 하지 말고
오직 겸손한 마음으로
각각 자기보다 남을 낫게 여기고... <빌 2:3>

시대가 많이 바뀌었습니다
예전에는 느긋하던 마음들이
지금은 빨리빨리
급한 성격으로 바뀌었습니다

무던히 잘 참아주던 성격들이
툭하면 주먹 먼저 나가고
욕이 나가기 일쑤입니다

참아주는 것도
양보하는 것도
손해보는 것도 없습니다
남 생각해줄 여유도 없습니다
참으로 각박한 시대가 되었습니다

백의민족 우리 민족은
정 많았던 민족이었습니다
콩 한쪽도 나눠 먹던 민족이었습니다

더 가지려고 다투지 마세요
허영심으로 살아가지 마세요
겸손한 마음으로
나보다 남을 낫게 여기는
사랑의 마음이 필요한 때입니다

형님이 더 가지셔야지요
아우가 식솔이 많으니 아우가 더 가져야지
형님 먼저…
아우 먼저…

광야길 가면서
형님 먼저
아우 먼저
챙겨주는 마음이야말로
건강하고 행복하게
광야길 걸어갈 수 있는 것입니다.

도망치지 마십시오

그러면 내 이웃이 누구니이까
예수께서 대답하여 이르시되
어떤 사람이 예루살렘에서 여리고로 내려가다가
강도를 만나매 강도들이 그 옷을 벗기고 때려
거의 죽은 것을 버리고 갔더라 <눅 10:29-30>

광야길이 힘들다고
도망치지 마십시오
물러서지도 마십시오

도망병이 되어서야 되겠습니까
비겁한 자가 되어서야 되겠습니까

손해 보는 일이 좀 있어도
자존심이 좀 깨어지더라도
나설 곳에 나서주고
도와줄 곳에 도와주십시오

그런다고 누가 뭐라 하지 않습니다
오히려 훌륭하다고 합니다
본받겠다고 합니다

제사장처럼
레위인처럼
피하여 가지 마시고
사마리안처럼 다가가 주십시오

이웃이 누구냐고
사랑이 무엇이냐고 물었던가요?
진짜 이웃은
진짜 친구는
광야길 가며
손을 잡아줄 줄 아는 자입니다

넘어진 자를 일으켜 주고
헐벗은 자를 보면
먹여주고 입혀줄 줄 아는 자입니다

예수님을 믿는 성도입니까?
예수님을 따르는 제자입니까?

그러면 가서 사마리안이 되십시오.

편안한 일신을 도모하지 마십시오

오직 주 예수 그리스도로 옷입고
정욕을 위하여
육신의 일을 도모하지 말라 <롬 13:14>

가시밭길 걸어가며
모래사막 길 걸어가며
끝도 보이지 않는
광야길 걸어가며
어찌 편안하기를 바라십니까

나그네 길 가며
일엽편주 타고 가며
풍랑 속을 걸어가며
어찌 사고가 없기를 바라십니까

사고가 많고
질병이 수두룩하고
배신과 싸움이 가득한 세상 지나며

어찌 편안한 일신을 도모하십니까

아브람은 아내 사래와 조카 롯과
하란에서 모은 재산과
거기에서 얻은 사람들을 거느리고
가나안 땅을 향하여 길을 떠나
마침내 가나안에 이르렀다. <창 12:5>

믿음의 조상 아브라함이
가나안에 입성하기까지
어찌 숱한 고생이 없었겠습니까
147세를 살아온 야곱이
바로왕에게 말하기를
험악한 세월을 보냈다고 합니다

그렇습니다
인생길은 광야길이요
나그네 길이요
험악한 세월을 보내는 것입니다

부탁합니다
예수님 앞에서
편안한 일신은
꿈도 꾸지 마시기 바랍니다.

카이로스의 시간

"서양인에게는 시계가 있고,
아프리카 사람에게는 시간이 있다."라는
아프리카 속담이 있습니다

서양인들은
시계처럼 정확하고
기계처럼 빈틈없이
살아가는 것을 좋아해서 약속을 중시합니다

약속을 지킴은 중요하지요
하지만 개인주의로 살아가기가 쉽습니다
그리고 그렇게 정확하고
빈틈없이 산다는 것이 쉽지 않습니다

아프리카 사람들은
시계는 없어도 시간은 있다고 합니다
약한 자를 도와주고
어딘가에서 봉사하고
누군가를 마음에 품어주는

시간적인 여유가 있다는 겁니다

시간을 지키며 사는 것보다
시간을 잘 활용하고
선용하며 사는 것이 더 중요하다는 것입니다

우리의 삶은 지나갑니다
지나가면 다시 오지 않는 것이 시간입니다
시계를 갖고 시간 안에 사는 삶보다
시간 안에서 어떠한 삶을 사느냐가
우리의 목표가 되어야 합니다

크로노스의 시간이 있고
카이로스의 시간이 있습니다
세상에서 주어진 크로노스의 시간보다
하나님의 때에 따라 사는
카이로스의 시간을 따라 사는
지혜로운 사람이 되어야 합니다

우리로 하여금 광야길 걷게 하심은
크로노스적인 삶에서
카이로스적인 삶으로 바꾸어 주시는
하나님의 특별하신 계획하심과
은총이 부어지는 시간입니다.

쉬었다 가는 지혜도 필요합니다

하나님 아버지께서도
엿새동안 세상을 창조하시고
이렛째 되는 날에 쉬시면서
우리들에게 안식의 날을 주셨습니다

광야길 가던 이스라엘 백성들도
어떤 때에는 오랫동안 장막을 치고
머무르던 것을 볼 수 있습니다

힘들고 지칠 때에는
잠시 쉬면서 몸을 추스려 주는
지혜도 필요합니다
이민생활하는 분들을 보면
쉬지 못하고 일만 하다가
병을 얻는 사람들을 종종 보게 됩니다

육체를 가진 모든 동물들은
쉼이 필요합니다
특히나 사람들은 제대로 쉬지 못하면

정신적인 질병까지도 얻게 됩니다

어떤 때는 부지런히 일하고
어떤 때는 쉬기도 하고
어떤 때는 잘 나가기도 하다가
어떤 때는 안되는 적도 있는 겁니다

삶이란 것이
그러한 굴곡이 있을 때
삶의 묘미가 있는 거잖아요
삶 자체가 희노애락인걸요

저도 몸이 많이 힘이 듭니다
코로나로 인해
1년 몇 개월을 푹 쉬었는데도
왜 이리 피곤한지 모르겠습니다

영적으로 하나님과의
더 깊은 교통, 동행하시는
주님께서 주시는 참된 안식이
우리에게는 필요한 것입니다.

광야길 모래사막만 보지 마시고
위를 바라보며 사세요

그리스도와 함께 다시 살리심을 받았으면
위엣 것을 찾으라
거기는 그리스도께서
하나님 우편에 앉아 계시느니라
위엣 것을 생각하고 땅엣 것을 생각지 말라
이는 너희가 죽었고 너희 생명이 그리스도와 함께
하나님 안에 감취었음이니라 <골 3:1-3>

광야길 가다보면
경험있는 자의 조언도 필요하고
도움이 필요할 때도 있습니다

하지만 그 조언보다도
그 경험보다도 우선하는 것이
예수님을 인정하는 것입니다

그분은 공급자이시며
선한 목자이시기에

그분을 따라가면
광야에서도 샘물을 만날 수가 있습니다
만나도 맛볼 수가 있습니다

예수님을 믿고 따른다고 하는 것은
자기 부인입니다
자기 부인은 예수님을 먼저 인식하고
그분의 뜻을 찾고 구하는 일입니다

잘 나가던 과거도 버리세요
꽃길을 수놓을 미래의 청사진도 버리세요
애굽은 기억도 하지 마시고
바라보지도 마십시오

하나님이 계시게 하기 위하여
하나님이 일을 하시도록
나를 온전히 내려놓는 것입니다

자기를 부인하고
위를 바라보며
위엣 것을 찾는 자에게
하나님은 각양 좋은 은사들을 내려주십니다.

묵은 땅을 기경하라

너희가 자기를 위하여
공의를 심고 인애를 거두라
너희 묵은 땅을 기경하라 <호 10:12>

광야길
인생길
삶의길
참 힘이 듭니다
쉬운 길이 아닙니다

광야길 가다보면
힘든길 살다보면
나도 모르게 마음이 인색해지고
강퍅해지기 쉽습니다
스트레스도 받게 됩니다

성경은
강퍅해진 묵은 땅을 갈아엎으라고 합니다

포도주와 된장은 오래 묵을수록 좋지만
마음이나 땅은 오래 묵을수록 강팍해지기 쉽습니다

성인 데이케어센터와
너싱홈(요양원)에서 일하다 보니
사람들이 나이가 들어 갈수록
부드러워지는 것이 아니라
더 강팍해 지는 것을 보았습니다

하나님 앞에서는
뻣뻣한 고개
강팍한 마음을 가져서는 안됩니다
교만한 마음을 가장 싫어하시기 때문입니다

지금 세상은
지금 세대는
점점 더 악해지고 강팍하여지고 있습니다

이럴 때일수록
세대를 본받지 말고
하나님이 기뻐하시는 일이
무엇인지를 깨달아 알아
그분 뜻대로 살아감이 필요합니다.

광야길 마음에 담아 둘 것은…

내 말을 네 마음에 두라
내 명령을 지키라 그리하면 살리라
지혜를 얻으며 명철을 얻으라
내 입의 말을 잊지 말며 어기지 말라 <잠언 4:4>

광야길 가면서
가져갈 것 없고
쌓아놓을 것은 없지만
마음에 둘 것은 있답니다

세상의 것들은
마음에 담아두면 병이 되고
마음에 쌓아놓으면 욕심일 뿐이지만
하나님 말씀을 담아두면
사는 길이 있다고 합니다

하나님 말씀을 마음에 두고 살아가면
광야길 잘 지나갈 수 있는

지혜와 명철을 얻을 수 있답니다
굴곡지고 험난한 길을 만나도
넉넉히 이기며 갈 수 있다고 합니다

그것뿐만이 아닙니다
그분이 친구되어 동행하여 주심으로
넘어지고 쓰러질지라도
일으켜 세워 주신답니다

어느 길을 갈지라도
어느 곳을 갈지라도
하늘 끝에도 계시고
깊은 바닷물 속에도 계신 그분이
안전한 여행길을 보장하여 주신답니다

주의 말씀은 내 발에 등이요
내 길에 빛이니이다 하신
말씀을 마음에 두고 가다보면

오늘은 어디쯤일까
언제쯤 그곳일까 염려하지 않고
오늘의 발걸음이
그저 행복하다 여기며
매일매일을 기쁨으로 걸어갈 수 있답니다.

십계명을 주신 이유

여호와께서 그의 언약을 너희에게 반포하시고
너희에게 지키라 명령하셨으니
곧 십계명이며 두 돌판에 친히 쓰신 것이라 <신 4:13>

광야길 가는 동안에도
사랑하며 가라고
양보하며 가라고
섬기며 가라고
이웃을 돌아보며 가라고
때로는 희생하며 가라고
하나님은 우리에게 십계명을 주셨습니다

광야길 가는동안
너무 힘들어
창조주를 잊어버리고
이웃을 잊어버리며 살아갈까봐

섬김의 법을
사랑의 법을
불쌍히 여기며 존중하며 가라고
아예 돌판에 새겨주셨습니다

그것도 모자라
하나님께서는
마음판에 새기어
잊지말라고 당부까지 해주셨습니다

광야 길은
혼자 가는 길이 아닙니다
손잡고 어깨동무하고
때로는 안아주고 업어주면서
가야 하는 길이기에
사랑으로 사랑으로 걸어가라 하십니다

십계명은
광야길 걸어가는 우리로
하나님 자녀답게 살아가라고 주신
사랑의 율법입니다.

광야길 주신 이유는
하나님을 더 깊이 배워가라는 것입니다

우리가 다 하나님의 아들을 믿는 것과
아는 일에 하나가 되어 온전한 사람을 이루어
그리스도의 장성한 분량이
충만한 데까지 이르리니 <엡 4:13>
내 백성이 지식이 없으므로 망하는도다 <호 4:6>

하나님께서 우리로 하여금
광야길 가게 하심은
광야길 가는 동안
하나님을 더 깊이 알아가고
배워가는 시간을 주시는 것입니다

세상일에 얽매여 살고
세상일을 사랑하며 살다보면
하나님을 잊어버리기 쉽고
하나님을 알아가고 배워가는 일에
소홀하여 질 수 있기에
광야 길을 허락하시는 겁니다

사람이 잘 안되는 이유는
사람이 망하는 이유는
사람이 죽어가는 이유는
하나님을 알지 못하기 때문입니다

주께 합당하게 행하여
범사에 기쁘시게 하고
모든 선한 일에 열매를 맺게 하시며
하나님을 아는 것에 자라게 하시고 <골 1:10>

자라나지 못하고
온전하여 지지 못함은
그래서 할 일을 제대로 하지 못함은
하나님을 바로 알지 못하여서입니다

온전한 인애의 삶과
사랑의 삶을 살아가는 것은
다 자란 하나님의 자녀만이
살아갈 수 있는 특권이요 영광입니다

베운 것을 잊어버리지 않도록
마음판에 새기고
부지런히 광야길 걸어가야 합니다.

같은 마음을 가져야 합니다

내가 유오디아를 권하고 순두게를 권하노니
주 안에서 같은 마음을 품으라
나와 멍에를 같이 한 자 네게 구하노니
복음에 나와 함께 힘쓰던 저 부녀들을 돕고
또한 글레멘드와 그 외에 나의 동역자들을 도우라
그 이름들이 생명책에 있느니라 <빌 4:2-3>

"강을 사이에 두고
 마주한 사람들은
 마음이 같을 수 없다"

동상이몽…

함께 있어도
한 이부자리에 있어도
생각이 다를 수 있는데
강을 사이에 두고 있으면서
생각이 다른 것은 당연한 거겠지요

함께라야만 됩니다
같은 생각이어야 합니다
같은 그리스도의 마음을 품었다면
생각과 삶이 하나 되어야 합니다

예수님께서 우리로 하여금
하나되게 해달라고 기도하신 까닭입니다

함께 그리스도의 멍에를 짊어졌다면
함께 수고해야만 합니다
바울도 같은 마음을 품으라고 말합니다

힘들고 어려운 광야길 가면서
마음을 모아야 합니다
같은 마음을 가져야 합니다
헤치는 자가 되지 말고
모으는 자가 되어 주십시오

같은 마음을 가져야
서로서로 돌아보며 도와주며 살아갈 수 있는 겁니다.

그분 위해 광야길 가는 겁니다

내가 그리스도와 함께 십자가에 못 박혔나니
그런즉 이제는 내가 사는 것이 아니요
오직 내 안에 그리스도께서 사시는 것이라
이제 내가 육체 가운데 사는 것은
나를 사랑하사 나를 위하여 자기 자신을 버리신
하나님의 아들을 믿는 믿음 안에서 사는 것이라 <갈 2:20>

내가 오늘도 이 광야길 갈 수 있음은
그분이 나를 위하여
십자가에서 달려 죽으신
은혜로 말미암아서입니다

그분이 내안에 사시사
나를 사랑하여 주시는
은혜로 말미암아서입니다

비록 육체 가운데 살아도
믿음 안에서

영의 삶을 살아갈 수 있음도
그분의 은혜 때문입니다

이제 나의 삶은
나를 위해 십자가에서 죽으신
나의 주요, 하나님이 되시는
그분만을 위하여서입니다

나의 모든 옛 자아는
그분과 함께 십자가에 못박았기에
아직 몸은 이 땅에 살아도
하늘나라의 삶을 살고 있습니다

그래서 부족함이 없습니다
두려움도 없습니다
모래사막 황량한 광야길 가면서도
노래하며 가는 이유입니다.

힘을 좀 빼봐 / 차문환

골프를 칠 때 많이 듣는 말이
"힘을 좀 빼봐."이다
힘을 주고 때려야 멀리 갈 것 같은데
힘을 주다보면 제대로 맞추지를 못한다

붓끝에 힘이 지나치면
작품의 본래 뜻이 사라져서
최고의 작품이 나오지를 않는다

말에 힘을 주고 말하면
괜한 오해를 받을 수도 있다
목이 뻣뻣하면
뻣뻣한 말이 나오게 돼 있다

눈에서도 힘을 빼라
눈에 힘이 들어가면
상대를 얕보는 것처럼 보인다

겸손하면 존귀함을 받지만
교만하면 욕을 당하기 마련이다

힘을 빼면
모든 사람에게 좋은 사람이 되고
힘을 주면
모든 사람이 싫어하는 사람이 되는거야

광야에서의 소망과 은혜

광야의 삶에 소망이 있습니다

인내는 연단을,
연단은 소망을 이루는 줄 앎이로다 <롬 5:4>

광야의 삶에
어찌 곤고함이 없겠습니까
어찌 수고로움이 없겠습니까

그러나 이 광야가
최종 목적지가 아님을 알기에
절망하지 않습니다
약을 먹지도
목을 매지도 않습니다

평탄한 일상의 삶에서는
소망이 없으나
광야의 삶에서는
소망이 있기 때문입니다

광야를 벗어나야 한다는,
벗어나면 광명이 있다는
소망을 갖고
힘든 과정을 인내합니다

인내는 연단을 낳고
연단은 소망을 이루어 준다는
말씀을 부여잡고
광야의 고된 발걸음을
터벅터벅 걸어갑니다

그리스도인에게는
광명한 천국
가나안이 기다리고 있기에
이 광야같은 세상을
견디며 살아내는 것입니다.

광야를 지나는 목적은
가나안에 들어가는 것입니다

한번 죽는 것은 사람에게 정해진 것이요
그 후에는 심판이 있으리니 <히브리서 9:27>

"젊어 고생은 사서도 한다."

훗날 행복한 삶을 위해서라면
현재 고생도 할만하다는 겁니다
광야를 지나려면 고생이지만
가나안에 들어가는 것이라면
그 정도 고생은 하라는 겁니다

믿음의 결국은
영혼구원에 있다고 했습니다
사람은 동물과 달리
영혼육으로 지어져 있습니다

동물은 혼과 육이지만
사람은 하나님의 형상으로 지어져 있습니다

하나님이 불어넣으신
하나님의 영이 우리 안에 있다는 말입니다

사람을 비롯한 모든 생명체는
언젠가는 한번 죽습니다
광야를 지나가든
아니 지나가든 말입니다
죽음이란, 하나님의 영이
하나님께로 돌아가는 것을 말합니다

광야를 지나며 우리는
하나님을 알아나가고
하나님 나라에 대해서도 배워 나갑니다
영생의 삶을 배워나가는거지요

보이는 것은 허허벌판이요
살아가는 곳도 광야이지만
광야 너머 하나님 나라
가나안을 바라보는 것이지요

광야를 지나는 목적은
광야를 견디는 소망은
가나안에 들어가는 것입니다.

기다림이 복입니다

기다리는 자들과
구하는 영혼들에게
여호와는 선하시도다... <애가 3:25>

멀고도 먼 광야길 가면서
기다릴 줄 아는 것도 복입니다
기다린다고 하는 것은
살아있다는 것이며
살아있다는 것은
희망이 있다는거거든요

사모함은
그리움을 가져오고
그리움은
기다림을 가져오고
기다림은
만남의 복을 가져옵니다

하나님께서도
천년을 하루같이
하루를 천년처럼 기다리신다 했습니다

사랑이 없으면
그리움이 없고
그리움이 없으면
기다림이 없고
기다림이 없으면
사랑도 아무 것도 아닙니다

누군가를 기다린다는 것은 복입니다
광야의 곤고한 삶이지만
끝까지 참고 기다리는 사람이
하나님을 만나는 것입니다

동서남북을 둘러보아도
소망없는 광야의 삶에서
다시 오실 주님을
기다리는 것은 복 중의 복입니다.

광야를 지날 때에는 내일을 바라보세요

소망 중에 즐거워하며
환난 중에 참으며
기도에 항상 힘쓰며 <롬 12:12>

광야를 지날 때에는
현실만 바라보지 마세요

광야의 현실은
고통과 슬픔
아픔과 괴로움 뿐이기에
현실을 바라보게 되면 낙담만 하게 됩니다

현실만 바라본다면
내일도 없고
소망도 없어서
고통만 가중되기 때문입니다

고통만 바라보면
고통너머 계시는 하나님이
보이지 않게 됩니다
가나안이 보이지를 않습니다

수많은 사람들이
애굽으로 돌아가자고 외쳐댔던 까닭입니다

광야를 지나는 사람에게도
내일은 있고
희망을 가질 수도 있습니다

고통은 지나갑니다
어두운 밤도 밝아옵니다
오늘 아프다고
내일도 아픈 것은 아니잖아요.

좋은 것만 보여지게 하시고
선한 것만 들려지게 하소서

세상을 살다보면
광야를 가다보면
희한하게도
안좋은 것이 더 잘 보여지고
안좋은 말이 더 잘 들려집니다

아마도 그러한 것에
우리의 삶이 익숙해졌기 때문이지요
그래서 그러한 것에 더
민감하게 반응하기도 합니다

세상을 살다보면
광야를 가다보면
좋은 것도
선한 것도 많이 있는데
안좋은 것이
선하지 않은 것이
우리의 삶을 더 지배하고 있는 듯 합니다

긍정적이지 못한
소망적이지 못한
우리들 마음 탓인듯 합니다

광야의 길은
부정적이요 절망적인 마음으로는
가기 힘든 길입니다

그것을 우리는
믿음이 있네 없네라고 말합니다
그 믿음의 여부에 따라
감사와 불평이 갈라지기도 합니다

광야의 길을 걸으면서도
하나님을 바라보며
긍정적이요 소망적인 발걸음을 옮기는
믿음의 사람을
하나님은 기뻐라 하십니다.

새 것을 입혀주시기 위하여

그런즉 누구든지
그리스도 안에 있으면 새로운 피조물이라
이전 것은 지나갔으니 보라 새것이 되었도다 <고후 5:17>

하나님이 우리로 하여금
이 광야 길을 걷게 하심은
그분이 원하시는 사람으로
만드시기 위한 목적이 있더라구요

그분에게 맹목적은 없어요
무조건도 없어요
순종은 무조건 해야 하지만
무조건 이끌고 가시지는 않아요

요셉을 우물에 던지고
보디발 집에 팔아버리고
감옥에까지 집어던지시고
오랜 세월 인내하며 살게 하심에는

목적이 있었다니까요

요셉은 감옥에서 나와
자유인 되는 것이 꿈이었지만
하나님은 요셉을 애굽의 총리로 세우는 것이었지요

"이는 내 생각이 너희의 생각과 다르며
내 길은 너희의 길과 다름이니라
여호와의 말씀이니라."

광야 길로 내모는 까닭은
옛것을 잃어버리게 하고
새것을 입혀주기 위함이요

애굽에서 이끌어 올려
가나안으로 인도하심은
노예에서 해방시켜 주시려는
신분의 변화를 주시기 위함입니다

애굽을 추억하지 마십시오
옛날을 그리워하지 마십시오
광야로 들어섰으면
뒤에 있는 것은 잊어버리고
앞에 있는 푯대를 향하여 달려 나가야 합니다.

전에는 무익한 자가 이제는 유익한 자로

갇힌 중에서 낳은 아들 오네시모를 위하여 네게 간구하노라
저가 전에는 네게 무익하였으나
이제는 나와 네게 유익하므로 <빌레몬 1:10-11>

얼마전 어느 아파트 화단에서
조약돌처럼 반질거리는 돌멩이 하나를 주워 왔습니다

이 돌멩이도 처음부터
이렇게 반질거리진 않았습니다
많은 세월 비바람에 깎이고
서로 모난 돌들끼리 부닥치면서
그렇게 반질거리는 돌이 된 것입니다

전에는 분명 거치는 돌이었을 것이나
지금은 여기저기서 쓰임받는 유익한 돌이 되었습니다

하나님께서 우리로 하여금
이 험난한 광야길 가게 하심은

서로서로 부닥끼고
오랜 세월 비바람을 맞아내며
우리로 하여금 온전한 자로 세워주시기 위함입니다

성정이 급했던 모세는
애굽에서 사람을 때려 죽였으나
광야 40년 세월을 보내며
세상에서 가장 온유한 자가 되었습니다

하나님을 만나면 가능합니다
아무리 메마르고 험악한 광야길일지라도
하나님은 우리로 하여금 연달한 자가 되어서
평강의 열매를 맺게 해주십니다

복음은 도적 오네시모를 변화시키사
그로 하여금 전에는 무익한 자가
이제는 유익한 자로 세워주십니다

이 광야길 가면서
무익했던 우리들이
도적같았던 우리들이
성정 급했던 우리들이 변하여
유익한 자로 세워지고 쓰임받게 되는 것입니다

이것이 우리로 하여금
광야길 가게 하시는
하나님 아버지의 거룩하신 뜻입니다.

쓰러짐이 쓰러짐이 아닙니다

세상에서는 너희가 환난을 당하나
담대하라 내가 세상을 이기었노라 <요 16:33>

거칠고 험한 광야를 가는 동안
한두번 넘어짐이 없겠어요?
아니, 어찌 한 두번 뿐이겠어요?
하루에도 몇 번씩 넘어지고 쓰러지곤 하지요

그렇다고 너무 실망하지 마세요
그렇게 쓰러진다고 해서
믿음의 반열에서조차 쓰러지는건 아니랍니다

어렸을 적 운동회 기억하시지요?
청군 백군 편을 갈라
경기를 하는 것 말입니다

경기를 하다 보면
어떤 친구는 지기만 하고

어떤 친구는 이기기만 하기도 하지요
그러나 전체 평균을 내서
이기는 팀이 승리의 만세를 부르잖아요

나는 지기만 했어도
다른 친구들이 이겨줘서
전체 점수에서 이김으로
함께 승리의 노래를 부르는거잖아요

나는 이기기만 했어도
다른 친구들이 많이 져서
전체 팀에서는 패할 수도 있고요

그렇습니다
내가 어느 편에 속하여 있는가가 중요한 것입니다
지기만 했어도
전체 이긴 팀에 속해 있으면 나도 이긴 것입니다

우리의 삶은 매일 지고 있어도
세상을 이기신 예수님 안에 있으면
나도 함께 승리의 노래를 부르는 것입니다

쓰러짐이 쓰러짐이 아닙니다
내가 어느 편에 속하여 있는가 하는 것입니다.

너희의 하나님이 되어 주리라

나는 여호와 너희 하나님이라
나는 너희의 하나님이 되려고
너희를 애굽 땅에서 인도해 내었느니라
나는 여호와 너희의 하나님이니라 <민수기 15:41>

우리들을 애굽에서 불러내신 이유를 아십니까?
우리들을 이 험악한 광야로 불러내신 까닭을 아십니까?

그렇습니다
전능하신 그분이
나의 하나님이 되어주시려고
그분의 자녀로
그분의 백성으로 삼아주시려고
우리들을 그 죽음의 골짜기에서
그 죄악의 구렁텅이에서 불러내어 주셨습니다

천지를 지으시고
우주만물을 지으신 전능하신 하나님이

우리들을 가나안으로 향하여 가는
길목으로 불러내어 주셨습니다

하나님 앞에 설 수 없는 우리들을
거룩함과는 거리가 먼 우리들을 불러내어 주시사
하나님의 백성으로 삼으신 이유는
우리로 하나님은 상천하지
오직 유일하신 전능하신 하나님 되심을
알게 하려 하심입니다

이제 남은 우리들의 과제는
여호와 하나님의 모든 계명을 기억하고
기억한대로 우리들 삶에 행하는 일입니다
그리하면 우리 모두는 하나님 앞에 거룩한 자가 되어
하나님 아버지 앞에 당당하게 설 수 있습니다

이 한해 동안에도
그분은 우리로 계명을 지켜나가며
하나님 앞에 설 수 있도록 은혜로 부어주실 것입니다.

잡초도 쓸모가 있습니다

밤나무, 상수리나무가 베임을 당하여도
그 그루터기는 남아 있는 것 같이
거룩한 씨가 이 땅의 그루터기니라 <이사야 6:13>

잡초라고 해서
다 버려야 할 것은 아닙니다
땔감으로도 쓸 수 있고
거름으로도 쓸 수 있고
소의 먹이로 쓰이기도 합니다

장자는 말합니다
"못난 나무가 산을 지킨다"
나무마다 다 잘났다면
모두 베어가서
민둥산이 되어 버렸겠지요

못난 나무라도 있어야
산사태를 막아주고

바람도 막아주고
산소도 만들어 주곤 하는거지요

잡초도 쓸모있을 때가 있습니다
잡초라도 있어서
시원한 바람도 만들어주고
모래사막의 바람도 막아주는거지요

모두가 패역하고
하나님을 떠난 것 같아도
믿음을 지키고 신앙을 사수하는 자
성경은 그들을 가리켜 '그루터기'라고 합니다

광야는 잡초같은 나를
어떠한 시험도 견디게 하며
세상 풍조를 이겨내어
싹을 내고 열매를 맺을 수 있는
하나님의 사람,
'그루터기'로 만들어 가는 곳입니다.

광야길, 희망입니다

진리의 성령이 오시면
그가 너희를 모든 진리 가운데로 인도하시리니
그가 자의로 말하지 않고
오직 듣는 것을 말하시며
장래 일을 너희에게 알리시리라 <요 16:13>

나 여호와가 말하노라
너희를 향한 나의 생각은 내가 아나니
재앙이 아니라 곧 평안이요 너희 장래에
소망을 주려는 생각이라 <렘 29:11>

절망의 끝에도
희망은 있다고 말합니다
포기하지 말라는 말입니다

포기하지 않는 이유는
우리는 우리의 길을 알기 때문입니다
광야의 험난한 길을 걸어 갈지라도

언젠가 이 길이 끝날 것과
이 길 끝에 주어질
우리의 장래를 알기 때문입니다

그래서 우리는 광야길 가면서도
희망을 갖습니다
평안함으로 걸어갑니다
그분이 약속하셨기 때문입니다

진리의 영이신
성령님과 함께 동행하십시오
그분이 우리의 길을 알려주시고
우리를 푸른 목장으로 인도하여 주실 것입니다

그래서 우리는
절망하지 않습니다
포기하지 않습니다
절망의 끝자락에서도
꿈을 잃지 않고
힘있게 걸어갈 수 있는 이유입니다.

"꽃에도 귀가 있다"

귀 있는 자는
성령이 교회들에게 하시는 말씀을 들을지어다
이기는 그에게는 내가 하나님의 낙원에 있는
생명나무의 열매를 주어 먹게 하리라 <계 2:29>

식물들에게도
"사랑한다"고 하면
더 활짝 예쁘게 핀다고 하지요

벽에도 귀가 있다는데
식물들에게도 귀가 있겠지요

어느 권사님이 길가에 핀 꽃을 보면서
"꽃에도 귀가 있어요.
그래서 벌이 자기에게로 날아오는 소리를 듣고
꽃잎을 열고 꿀을 내어준다네요."라고 하신다
일리 있는 말이다

아니 정말 그럴 것만 같다

꽃들도 열매를 맺기 위해서
즐거운 마음으로 자신의 몸을 열고
단꿀을 내어줄거 같더라구요

성령님도 하시는 말씀이
귀 있는 자는
성령이 교회들에게 하시는 말씀을
들을지어다 라고 하셨잖아요

성령님의 말씀을 잘 들으면
기쁜 마음으로 자신의 몸을 열어
성령님에게 순종할 거 같아요
분명 100배의 열매를 맺을 거 같아요

험하고 메마르고 강퍅한 광야 길이라도
하나님 말씀을 잘 듣고 순종하면
반드시 열매도 맺고
영원히 사는 복된 자리에도 들어가게 될 줄 믿습니다

온갖 소리가 들려오는 이 세대에서
우리 성도들은 성령님의 말씀에
귀 기울일 수 있는 귀를 가져야겠습니다.

보이는것으로 인하여
보이지 않는것을 놓치지 마십시오

우리의 돌아보는 것은 보이는 것이 아니요
보이지 않는 것이니 보이는 것은 잠간이요
보이지 않는 것은 영원함이니라 <고후 4:18>

눈에 뻔히 보이는 것을
못 본 척 하는 것은 쉬운 일이 아닙니다
이렇게 하면 돈이 되고
저렇게 하면 손해보지 않음을 알면서도
포기한다는 것은 쉬운 일이 아닙니다

수많은 사람들의 평가 기준은
결국 보이는 것에 있습니다
교회도 커야 하고
선교도 빽적지근하게 해야 하고
자격증도 많고 학력도 좋아야 합니다

결혼조건이 무엇입니까?
보이는 것이 아니었던가요?

신앙만 좋으면 된다는 말은 말뿐이었잖습니까

살아보면 압니다
사귀어보면 압니다
정말 중요한 것이 무엇인지를 말입니다

광야길 가면서도
보여지는 것만 보다보니
두려움, 원망과 불평이 사라지지 않는 것입니다

보이는 것으로 인해
보이지 않는 것을 놓치지 마십시오
하나님께서도 중요한 것은
보이지 않는 깊숙한 곳에 감추어 두셨습니다

보이는 것은 잠간입니다
그래서 보이는 것이
소망이 될 수가 없습니다
보이지 않는 것은 영원함이니 곧 영생입니다

잠간을 바라보지 마시고
영원을 바라보는 안목을 키워야 합니다.

잠시면 됩니다

우리가 잠시 받는 환난의 경한 것이
지극히 크고 영원한 영광의 중한 것을
우리에게 이루게 함이니 <고후 4:17>

7, 80년 살아온 사람들에게 물으면
언제 7, 80년 보냈는지 모른다고 합니다
저도 벌써 70대에 들어서지만
언제 70년을 살아왔는지 모릅니다

돌이켜 보면 70여년 어간에
많은 일들이 있었던 것 같습니다
아프기도 했었고
일이 잘 안풀리기도 했었고
어려웠던 시간들이 더 많았던 것 같습니다

주마등처럼 지나가 버린
69년의 시간…
아주 잠시였습니다

잠시면 됩니다
광야길 지나는 것이
고통스럽고 길게 느껴지지만
아주 잠시만 참으면 됩니다

잠시만 참으면
지극히 크고 영광스러운 영원이
우리를 기다리고 있다고 합니다

지금까지도 참아왔는데
조금 더 못 참으시겠어요?

큰 그릇이 되십시오

나는 너를 애굽땅에서 인도하여 낸
여호와 네 하나님이니 네 입을 넓게 열라
내가 채우리라 하였으나… <시 81:10>

넓디넓은 강호에서
어떤 젊은이가 강호를 꿈꾸고 있을까
최고의 무사가 되기 위해
어느 골짝, 어느 절간에서
칼을 벼르며 마음을 갈고 있듯이
넓디넓은 천하에서
어떤 믿음의 사람이 천하를 꿈꾸고 있을까

민족을 품고
나라를 품고
세계를 품고
어느 산골짜기, 골방에서
무릎을 베개삼아
기도로 씨름하며 성령의 불을 기다리듯이…

입을 크게 열고
마음을 다지며
세계를 채워주더라도
모두를 끌어안을 믿음의 대장부는 어디 있을까

"성인은 사소한 것도 살피지만
 우매한 자는 드러난 것만 본다"

보여지고 있는 현상을 보며
탓하는 자는 어리석은 자요
현상을 넘어서 이상을 보는 자는 지혜로운 자요
믿음의 사람이요 꿈을 가진 자이다

큰 그릇을 가진 자는
광야 길에 사막만 보이고
뜨거운 태양만 보이고
모래바람만 보이는 것이 아니라

불기둥도 보이고
구름기둥도 보이고
그것들을 세워주시는 하나님도 보는 자이다.

광야의 절망 길에서도 하나님을 바라봅니다

보라 하나님은 나의 구원이시라
내가 의뢰하고 두려움이 없으리니
주 여호와는 나의 힘이시며
나의 노래시며 나의 구원이심이라 <이사야 12:2>

내일 일을 알 수 없는 광야길 가면서
예기치 못한 어려움이 왜 없겠습니까
우리들 인생길에 쓰디쓴 일이
어찌 없을 수 있겠습니까

아무리 애를 쓰고 발버둥쳐도
안되는 일이 왜 없겠습니까
때로는 살아가면서
정말 하나님이 살아계신가
의구심이 들게 할적도 있습니다

그러나 우리들 걸음을 세시며
앉고 일어섬을 아시는 하나님

모든 것이 합력하여
선을 이루어 주신다는 믿음으로
모든 의구심과 불신을 내버리고
구원하여 주시는 하나님을 바라봅니다

하나님은
하나님을 바라보고
하나님을 의뢰하는 자에게
구원을 베푸시고 힘이 되어 주십니다

찰스 스펄전은
"빛 가운데에서 하나님을 신뢰하는 것은 아무것도 아니다.
그러나 어둠 속에서 하나님을 신뢰하는 것,
그것이 바로 믿음이다."라고 했습니다

어둠 가득한 터널도
그 끝을 볼 때가 있습니다
거칠고 험악한 광야 길도 끝날 때가 있습니다

그리하지 않는다 할지라도
반석이 되어 주시고
산성이 되어 주시고
길이요 생명이 되어 주시는
하나님이 함께 하신다면
우리에게 절망이란 없는 것입니다.

우리는 본향 찾아가는 나그네

저희가 나온바 본향을 생각하였더면
돌아갈 기회가 있었으려니와
저희가 이제는 더 나은 본향을 사모하니
곧 하늘에 있는 것이라
그러므로 하나님이 저희 하나님이라
일컬음 받으심을 부끄러워 아니하시고
저희를 위하여 한 성을 예비하셨느니라 <히 11: 15-16>

그렇습니다
우리에게 돌아갈 본향이 없었더라면
우리는 너무나 슬펐을 것입니다
희망이란 자그마한 조각도 없이
나날을 슬픔으로
절망 가운데 지냈을 것입니다

우리의 고향은
성도들이 살만한 곳이 아니었습니다

어디 하나 마음 붙이고
정 주면서 살만한 희망이 없었습니다

하나님이 우리를 위하여
본향을 허락하시지 않았더라면
하나님이 우리의 하나님이
되어 주시지 않았더라면
생각할 수도 없는 끔찍한 일입니다

하나님이 우리 하나님이 되어 주셔서
하나님 한분 바라보며
넘어지고 쓰러지면서도
오늘, 여기까지 올 수 있었습니다

이제는
나온바 본향이 그리운 것이 아니라
새롭게 주어질 '하나님의 나라'
그 땅과 그 하늘
저리로부터 내려오는
그 나라가 그리운 것입니다.

봄 / 차문환

얼마나 많은 더위를
얼마나 많은 추위를
견디어내야
따스한 봄이 오는지를…

얼마나 많은 거센 바람
얼마나 많은 폭풍우를
지나야
이처럼 아름다운
꽃을 피우는지를…

봄은
수많은 가슴앓이와
인내의 결실로
찾아오는 것을
60이 넘어서야 알게 되었다.